アイドル声優の何が悪いのか？

アイドル声優マネジメント

たかみゆきひさ

星海社
279
SEIKAISHA SHINSHO

はじめに

世間からアイドル声優事務所と思われている会社の社長が「アイドル声優の何が悪いのか」とはナニゴト!?　という方もいらっしゃることでしょう。この「アイドル声優の何が悪いのか」にはふたつの捉え方があると思います。ひとつは「アイドル声優っていいでしょ！」というポジティブな意味、もうひとつは「アイドル声優のどういうところがマズイのか」という問題提起。実は本書ではどちらも含んでいるので両方とも正解です。となると、はて、それは一体どういうことなのか……。

現代はアイドル／タレント化した声優の時代

みなさんは声優という職業にどんなイメージを持ってますか。まずアニメや洋画のアフレコや、テレビ番組のナレーションをする人たちという声優像が、世代を問わず一般的なイメージとしてあると思います。それは間違いありません。しかし近年はそれだけではなく、アーティスト（歌手）活動やラジオ番組のパーソナリティーやライブ活動など広範に及ぶ、いわゆる一般的な芸能人とそう大きく変わらないタレント業となっていることもご存じかと思います。あ、声優業も芸能だと思うのですが、本書ではわかりやすく区別するため、声優以外の芸能人を「芸能人」、声優業界以外の芸能界を「芸能界」と表記することにします。そして、そもそも「アイドル」とは何ぞやという話ですが、もとの意味で考えると偶像とか憧《あこが》れの存在ですから、アイドル声優というと「人気声優」みたいな意味ですよね、ざっくりですが。なので、アイドルとは職業と言うよりも業態に近いと考えられます。とまぁ、そんな細かい話は置いといて……。

いまや声優が雑誌の表紙を飾ったり、アニメキャラクターではなく声優自身がテレビ番組に出演することも珍しくありません。若い方は信じられないことかもしれませんが、一時期は声優が「声」のみの裏方仕事に専念せず、露出して活動しアイドル／タレント化していくことが批判される風潮もありました（現在でもありますが）。ですが、そんな声優像はもはや過去のもので、タレント化した声優がいまではかなり台頭してきています。

声優の方々の華々しい活躍は、とくに若年層の憧れとして人気を集め、小中学生が将来なりたい人気職業として挙げられることも耳にします。アニメ作品やそのキャラクターにファンがつくことはもちろん、それに留まらずキャラクターの「中の人」である声優本人に多数のファンが生まれることもいまや当たり前となりました。これは即ち、「声優」というものが発展し、より一般化、大衆化したということの顕《あらわ》れですから喜ばしいことではあります。ただちょっと考えてみてください。芸能界における俳優にもアイドル性の高い人もいれば、歌ったり踊ったりする方もたくさんいらっしゃいますし、アイドルや歌手がドラマなどに出演することも多々ありますよね。しかし彼らは声優ほど批判されることなく受け入れられています（まったくないとは言いません）。これは既に大衆に認知されているということです。大衆化するということは「そういう姿が当たり前のことと認識されること」でもあるのです。声優にも色々なタイプの声優がいてもよいのではないでしょうか。アイドル声優の存在は時代が望んだことも相まった、そんな多様性の顕れだと考えます。

声優の活動休止はなぜ続くのか？

しかし声優が華々しく活躍する一方で、近年は若く才能あふれる声優たちが続々と活動休止に追い込まれていることを、みなさんはご存じでしょうか。声優ファンの方には、それなりに思い浮かぶ例があるでしょう。そのくらい声優の活動休止は最近相次いでいます。

倒れているのは主に人気声優――声で演技をする仕事だけではなく、タレント的な活動を熱心に行っている声優たちです。

そんな事態が続くと「声優をサポートするはずの声優事務所は何をやっているんだ！」という声が当然上がります。ですが表には出てはいませんが、実は声優のマネージャーを始め、業界を支える裏方のスタッフも次々と疲弊《ひへい》し倒れているのです。

率直に言って、声優業界はいま、かなりマズい状況にあります。

それはなぜなのでしょうか？

声優業界のシステムエラー

もちろん、なかには止むに止まれない病気その他の事情によって休業する方もいます。ですが、大半の方はそうではない。これは個人の問題というより、声優業界のシステム上の問題であると僕は考えています。

その問題は後ほど詳しくお話ししますが、ごく簡単に説明しておきますと、これは業界が「声優のタレント化」に追いついていないことが原因で、声優業界がタレントマネジメントに適応した芸能界的なシステムへ移行する途上段階であるために発生していることだと考えられます。

業界のシステム移行というものは一企業や個人の能力では一朝一夕に変えられないもので、そうした状況のなかで、真面目な子ほど思いつめ、追い詰められていきます。自分自身の能力ではどうにもならない現実について、深く考えてしまう。その不満は事務所へ向かうことになりますが、事務所側の人材も個人個人は精一杯声優へ尽くしています。しかし問題は解決されず、疲弊して仕事から離れざるを得ない……そんな事態が声優側にも事務所側にも発生しているのが現状です。

このような話をすると、声優ファンのなかには「声優は声優業だけやっていればいいんだよ。アイドルみたいなことをしてるいまの状況がおかしい」と言い出す人がいます。しかし、声優業だけでは声優も事務所も食っていけないのが現実です。ゆえに、声優業界は声優をアイドル／タレント化する道を進んで現在に至っている経緯があります。もちろんタレント化した声優に対するニーズがあるからこそ成り立つものですから、そこも忘れてはなりません。仕事の大前提は「ニーズに応えること」、需要《じゅよう》と供給です。

声優という職業が人気であるがゆえに数が多すぎることにも大きく起因しています。アイドル／タレント化というのは「付加価値」です。要するに付加価値がなければ、肥大した声優業界のなかで生き残れない。食っていけない。しかし、タレント化することによる負担は大きく、それをサポートするだけの体制が声優業界にはまだまだ整っていない。

本書を書こうと思った動機は、そうした現状に一石を投じ、また、外からは見えづらい声優業界の裏でがんばっている声優やスタッフたちのことを少しでもみなさんに知って応援していただきたいという思いからです。

新しい声優業界のために

僕は一九八〇年代に出版業界で、アニメ誌・模型誌・アイドル誌などの仕事を主に手がける編集・ライター・イラストレーターとしてキャリアをスタートし、その後、テレビや芸能界の仕事を手がけるようになりました。声優のマネジメント業務に携わるようになったのは二〇〇一年頃からで、二〇二三年現在、小倉唯《おぐらゆい》・石原夏織《いしはらかおり》・豊田萌絵《とよたもえ》・伊藤美来《いとうみく》らを擁《よう》するスタイルキューブという声優事務所の代表取締役社長として働いています。いわゆる「アイドル声優」と呼ばれてきた声優のプロデュースとマネジメントが、僕の仕事です。

ここで気をつけないといけないポイントなんですが、芸能事務所と声優事務所では、同じ「マネジメント」という言葉で表現される業務であっても、内容には大きな違いがあります。そのことを肌身で知っている人間として、声優とタレントの垣根が下がり様々な混乱が生まれている現状に対して、何か役に立つことができるのではないか。現場ではそんな気持ちで仕事をしていますが、そもそも声優業界の内実は世間にはあまり知られていません。

そこで本書では、声優業界の現状といまに至る流れをご紹介するとともに、あらためて僕たちが目指すべき声優像／声優業界像を探りたいと思っています。

声優／マネージャーになりたい人へ

第1章では、「声優の活動休止はなぜ続くのか？」、声優像の移り変わりを確認しながら、その原因である声優業界の姿勢を芸能界におけるマネジメントとの違いを参照しつつ説明させていただきます。

第2章では、スタイルキューブという声優事務所がスターを生み出してきたこれまでの過程を振り返ることで、僕がそんな声優業界の在り方について考え、実行してきたことのアウトラインをご紹介します。

この二章が「これまで」のお話です。声優／声優事務所が現在地に至る過程を知っていただき、現状の問題点を共有していただけたらと思います。

以降は「これから」のお話です。問題点を認識したうえで、現在声優事務所はどのように動いているのか、さらにこの先どのような声優業界を目指せばよいのかを考えていきます。アイドル声優に憧れて声優になりたい人、またそんな声優のプロデュースやマネジメントに携わりたい人には、業界案内書としても役立てていただけるとうれしいです。

第3章では、現在の声優／声優事務所のお仕事や、声優業界の現状、スタイルキューブの業務内容、方針をお話しさせていただきます。

第4章では、いま声優業界を目指す方はどんなモチベーションや心構えを持つべきか、スタイルキューブにおける新人研修の一部を例にしてご紹介させていただきます。

第5章では、スタイルキューブのタレント育成・マネジメントの事例、オーディションにおける採用基準や新しい声優像のプロデュース過程を振り返ります。

この本を手に取っていただいているような声優に興味を持ってくださる方は、ありがたいことに年々増えています。そんなみなさんが業界事情を共有してくださることは、きっと仕事に必死に打ち込んでいる声優や支えるスタッフたちの励《はげ》みとなり、そして業界向上の大きな力になるはずです。本書が声優業界志望者、ならびに声優を愛するすべての人たちにとって、何がしかの知見を提供できる本になっていることを願います。

目次

第2章 スタイルキューブが考える「アイドル声優」とは

第3章 声優／声優事務所のお仕事案内 101

第4章 声優志望者向け新人研修！ 127

第1章

アイドル化／タレント化した声優と業界の現在地

「はじめに」でも軽く触れましたが、あらためてみなさんに、僕がいまの声優業界の現状に対して感じている危機感を共有していただくための話をしていきましょう。

ざっくりですが、要点だけつかんでいただくために問題点を極めて単純に整理すると、このようになります。

- 声優は声優業のみでは食べていけない。
- ゆえに声優はアイドル化／タレント化する道を進んだ。
（※業界や世間的なニーズに応えた変化であることは大前提）
- しかし声優業界の体制は「声優のアイドル化／タレント化」に適応できていない。
- 声優はパフォーマンス過多で疲弊している。
- 声優をフォローする事務所の人的リソースも不足している。
- 声優／声優事務所の人員ともに活動休止や休職に追い込まれている。

どうでしょう、こう見るとヤバくないですか？　僕はいまの声優を取り巻くこの状況は、本当に「マズイ」と感じています。知り合いの業界関係者と話していても、近い認識を語られることが多いです。とはいえこれは一朝一夕に解決できる問題ではありません。そんな現状をお話ししていきましょう。

声優は役者業／声優業だけで食えるのか？

まず前提条件として、「役者業＝アニメに声をあてる声優業だけでは声優は食べていけない」ということを確認しておきましょう。

アイドル化／タレント化する声優像については、声優ファンからは（ときには業界人からも）度々疑問や批判が投げかけられてきました。「声優は声優の仕事だけしていればいい」そういった意見はＳＮＳなどでもよく見ます。アイドル化／タレント化しても、声優の本分である役者業／声優業をおろそかにしてはならないという見解はごもっともですし、もともとアニメおたくである自分もそうであるべきと思うところはあります。

しかし、声優業のみの専業で生計を立てることは至難の業《わざ》なのです。そんな声優の台所事情を知っていただくため、どれくらい働けば声優業のみで「食べていける」のか、簡単に計算してみます。

最初に「食べていける」というのはいったいどのくらい稼ぐことなのか、決めておきましょう。各個人の感覚で「食べていける」レベルというのは違ってくるかと思うので、ここでは世間のスタンダードとして大卒初任給を参考にしてみましょう。令和元年の大卒の初任給は、厚生労働省によると約20万円程とされています（出典：https://www.mhlw.go.jp/toukei/itiran/roudou/chingin/kouzou/19/01.html）。

東京都内で7～8万のワンルームを借りてのひとり暮らしだと、20万円で生活するのは贅沢《ぜいたく》しなければなんとかやっていけると思いますが、そこそこカツカツな数字だと思います。「5万円の安アパートを借りて、パンの耳ともやし炒《いた》めで生活すれば、もっと安く生活できるよ」という意見もあるかもしれませんが、そういう生活はいったんわきに置いておきましょう。そして忘れがちなのですが、というか一般には知られていないかもですが、日本ではテレビアニメというものはほぼすべて東京都内でアフレコされています。つまり、家賃が安いからと言って地方や郊外に住むと交通費がバカにならないため、多少高くても都内を拠点にしないと色々と具合が悪いのです。そんなことも鑑《かんが》みつつ、ひとまずここでは計算しやすいので「食べていける」最低レベル＝20万円をわかりやすい数字と仮定して進めましょう。

声優業で20万円稼ぐとしたら？

声優はフリーランスで仕事される方もいますが、とくに新人であれば事務所に所属するのが一般的です。そして事務所に所属するということはほとんどの場合「事務所の社員として毎月の固定給がもらえる」ということではありません。声優は個人事業主として事務所と契約し、受けた仕事からギャランティーを配分される歩合制がほとんどです。ある程度の固定給が設定され、仕事量によって報酬《ほうしゅう》が上乗せされるケースもありますが、ここでは完全歩合制を想定しましょう。

さて、新人声優が20万円を稼ぐには所属事務所にいくら入ればよいでしょうか？ 声優／声優事務所のギャランティーの配分比率は、事務所によって違いますが声優が8割、事務所が2割というのがかつてよく言われてきたスタンダードです（最近は変わってきています）。これに対してテレビタレントなどが活躍する一般的な芸能界で芸能事務所からタレントが得る報酬の比率をご存じの方は、「え？ 声優ってそんなにもらえるの？」って驚かれることでしょう。ちなみに芸能界ではタレントの取り分は概《おおむ》ね4〜6割です（もっと少ないこともあります）。そういった芸能界のタレントからしたら「声優ってそんなにもらえるんだ」「いいなぁ！」という感覚です。

配分だけ見ると、「声優業界って良心的だなー」って思われるかもしれません。ですがギャランティーの配分がタレント＞＞事務所であることが、本当にタレントにとって良いことなのか……これは実は単純に比較できないことなんです。そして声優業界と芸能界のギャランティー配分比率の差は、それぞれの業界の体制の差に深く関わる部分ですので、後ほど詳しく掘り下げます。

さて、声優が8割、事務所が2割と設定して声優が月20万もらう場合、声優事務所には25万円の収入がなければいけません（税金などで引かれる部分は複雑になるのでいまは考えないようにします）。25万円に到達するには、声優はどのくらい働けばよいのでしょうか。

声優のギャランティーはランク制

声優のギャランティーには、ランク制というものが採用されています。声優として仕事を始めてから数年間は「ジュニアランク」。30分枠のテレビアニメ1話当たりのギャランティーは1万5千円です。以降は経験年数とともに自動的にランクが上がり、最終的に「Aランク」になると1本当たりの出演料は4万5千円になります（実際はここに転用費など加わりますので、数字は変わります）。

これが、声優が声優としての仕事で得られる、一般的に定められた金額です。

この仕組みには、新人の頃、どれだけ出番やセリフが少ない役であっても最低限のギャランティーが保証されるというメリットがあり、一概に否定できるものではありません。一方で単純にランクが上がる＝ギャラが上がるということではなく、出演料が上がってしまったことで起用される機会が減少する可能性があります。結果としてベテランになるほど仕事が減り、総収入も減ってしまう……といったことも発生しうるのです。このため、ずっと1万5千円を通す人もいます。

すごく人気のある声優になれば、交渉によってギャランティーを決めることもできなくはありません。こうした「ノーランク」と呼ばれる声優もいますが、極めて例外的です。

さて、ランク制の功罪はここでは考えません。テレビアニメの声の出演で、25万円のギャランティーを目指すとしましょう。

30分枠のテレビアニメのギャラは、新人で1話につき1万5千円。ということは、月に4タイトル計16話分出演しても24万円で、目標の25万には達しません。

つまり、テレビアニメだけだと、週4本のレギュラーをこなしても月収20万円には満たない。そして裏を返せば、週4本のレギュラーがある声優が所属していても、事務所の取り分は月5万円にも満たないのです。

アニメのアフレコだけで食うのは不可能!

週4本のテレビアニメのレギュラー、新人声優が取れるでしょうか。ものすごくハードルが高いことですよね。このように、新人がテレビアニメ出演だけで食っていこうと思っても、かなり大変だということが容易にわかります。よって駆け出しの声優はアルバイトで生活費を稼ぎつつ、アニメのオーディションに挑戦し続けることになります。受からなければ声優としての収入はゼロ。収入がゼロの間でも自分を磨くために本を読んだり映画を観たりワークショップに参加したりなどの出費はかかるわけです。

テレビアニメもメインどころに抜擢《ばってき》されれば、アニメに付随《ふずい》したラジオ出演やキャラソン歌唱、イベント出演などが発生するので、アフレコ以外の収入もあるし、人気が出れば主題歌を歌ったりするなんてこともある。要するにテレビアニメだけで声優として食っていくには、メインどころにキャスティングされ、タレント的な活動をすることが重要なわけです。

……ということで、テレビアニメのアフレコだけで声優として食っていくというのがいかに難しいか、ということをわかっていただけたと思います。ナレーションだったり、ラジオやイベント出演だったり、歌だったりとアフレコ以外の仕事をどんどんやっていかないと収入的には厳しいのです。

声優事務所がやっていくには？

声優として食べていくのは大変であることを知っていただいたうえで、次に声優事務所の視点から「声優業」がビジネスとしてどのように成立しているか、こちらも計算してみましょう。

仮に先ほど例に挙げた月25万円売り上げる新人声優を基本単位として考えてみます。月25万円売り上げる声優がひとりいる事務所は、事務所の取り分が月5万円です。月5万円で事務所の機能として何ができるか……何もできないですね。マネージャーの給料、事務所の家賃、どれも出せない。これではビジネスとして成立しません。

そもそも事務所を経営するのにどのくらいかかるのか、めっちゃ雑にですがシミュレーションしてみましょう。社長兼マネージャーとして事務所のスタッフがひとりとします。社長ですが、給料は20万でガマンすることにしましょう。事務所は家賃7～8万円のアパートで水道光熱費合わせて10万円としましょうか。電話とかスマホやインターネットも必要ですね……事務用品とか交通費とか雑費を入れて、安く見積もって5万円としましょう。そんなざっくり内訳で事務所のランニングコストを月35万円と仮定します（もちろん本当はもっとかかります）。営業費とか税金とか細かいことを考えるともっといろいろありますが、ひとまず無視します。

そこでタレント（声優）の取り分を8割、事務所を2割として計算すると、事務所のランニングコスト35万円の支払いを保つためには、純粋に声優が稼働した報酬だけで売り上げる場合タレントの報酬は１４０万円ですから、毎月計１７５万円以上の売上が必要です。月25万円売り上げる声優で考えると、7人いればようやく１７５万に到達します。

アニメだけでは事務所も経営不可能！

このように、週4本もレギュラーを持つようなスーパー新人声優が7人いても、このビジネスはトントンだということがわかります。しかも社長兼スタッフがひとりという仮定です。週4本のレギュラーを持つ7人というと、もし全部が別タイトルのアニメだとすれば一ヶ月で28タイトル、つまり現場は28カ所、収録数は112。当然マネージャーは全現場には行けません。なので行かないことが前提になります。

実際に声優事務所のマネージャーは、かつては基本的に現場に行かないというスタイルをとっていました。マネージャーひとりですべての現場に行くことは無理なんです。先ほど述べたように、現実的に声優は25万円を稼ぐとしたら週4本テレビアニメのレギュラーをするわけではなく、テレビアニメ週1本に加えてラジオのレギュラーやちょっとした収録があって……ということで25万円を確保することになります。しかしそれでも25万円売り上げる声優7人を、スタッフひとりでやりくりするのはかなり困難でしょう。

事務所の費用を削りに削った計算でも、こんなものです。さらに実際は社会保険料や税金その他様々な出費があります。ということで「テレビアニメ出演のみでは声優事務所ビジネスは成立しない」ということを、ご理解いただけたでしょうか。

声優業界と芸能界の差

あくまで仮定で計算してきましたが、「テレビアニメのアフレコ」以外の収入があるからこそ、実際の声優も声優事務所もビジネスとして成立していることをつかんでいただけたと思います。同時に声優ビジネスが金銭的にも人員的にもすごく充実しているとは言い難い領域であることを、お察しいただけたことでしょう。

ギャランティーの配分は声優が8割、声優事務所が2割というのがスタンダードだとご説明しました。一般的な芸能界と比較すると、かなり《声優＝タレント側》

が多く、事務所側が少ない設定となっています。

収入面においてはタレントが優遇されているように見えますが、これによってどういうことが起きるでしょうか。事務所の配分が少ないと、事務所がタレントひとり当たりに割くことのできるリソースは必然的に少なくなります。タレントが優遇される配分であることは声優にとっていいことのように見えるかもしれませんが、声優ひとりに対して事務所が芸能界ほどの労力を費やせない（＝面倒を見ることができない）ことの裏返しでもあるのです。もともと声優業界はタレント事務所というよりも派遣業に近く、ひとりひとりの面倒を見るタレント芸能事務所的な業態には適していませんでした。

芸能界における昨今（二〇二三年）の某男性アイドル事務所のニュースで「エージェント契約」という言葉が世間を賑《にぎ》わせました。芸能界においての事務所とタレントの契約には大きく分けて二種類あり、ひとつが「マネジメント契約」そしてもうひとつが「エージェント契約」。実はこれ、声優事務所にとっても対岸の火事ではなく、向き合うべき問題でもあるんです。とても重要なポイントです。

声優事務所は実質エージェント契約

最初にお話ししておくと、声優業界は《実質》「エージェント契約」で芸能界は「マネジメント契約」です（あえて《実質》と書いた理由は後述します）。これ、一般には意外と知られておらず、ゆえに声優業界も芸能界と同じような契約なんだろうという認識で語られることが多いです。しかしそれが大きな問題なんです。

さて、エージェント契約とマネジメント契約はそれぞれどういったものなのでしょうか。先にみなさんが知っている（と思う）「マネジメント契約」について。

「マネジメント契約」はタレントが事務所から雇用されているような関係です。わかりやすく言うと一般的な会社と社員のような関係で、原則的に所属する事務所の仕事をし、他社とは直接仕事をしません。よって事務所の決めてきた仕事をこなし、何か事故や事件などがあれば事務所が責任を持って対応してくれたりします。なかには各種保険などの面でも手厚い事務所もあります。良くいえば「面倒見てくれる」、悪くいえば「自由が制限される」ということになります。日本の芸能界ではほとんどがこのマネジメント契約なので、おそらく一般的にみなさんの持っている芸能プロダクションの契約形態の認識はこれです。

これに対して「エージェント契約」は、事務所が何でも面倒見てくれるわけではない。「自分でどうにかする」が基本の契約です。海外ではこのエージェント契約が多く、わかりやすい例としてハリウッドスターのエージェント契約で見てみましょう。

エージェント契約ではタレントがすべての決定権を持ち、映画などの出演交渉などをエージェント契約した会社に業務委託する形になります。委託された事務所側は映画会社などとの仲介業務が基本となり、ほかの余計なことはしません。よって、レッスンも宣材写真の撮影や手配、スキャンダル対応なども、それぞれの業務が個別に外注することになったとしても原則的にはすべてタレントが責任を持って対応することになります。タレントがマネージャーを雇っているような関係なので、事務所にタレントが所属しているマネジメント契約の逆です。エージェント契約はタレントに自由がある反面、「面倒見てもらえない」ということになります。この違い、大事なことなので覚えておいてください。

さて、エージェント契約とマネジメント契約の違いを理解したうえで声優業界を見てみましょう。

声優業界ではフリーや個人事務所の人以外は基本的に声優事務所に「所属」という形をとっているので一見するとマネジメント契約のように見えます。しかし、芸能界と比較すると、先にお話ししたように事務所の取り分が少ないことに起因して、声優業界では事務所側が《タレント＝声優》に割くことのできる労力は限定されてしまいます。そのため声優事務所がタレントに接する姿勢は、ひとりの才能を手厚く育成／フォローするというより、仕事を仲介したりスケジュールを管理したりする事務的な性格が強くなります。

極端なケースですと、声優事務所はデスクワークだけで仕事が完結します。この場合、アフレコスタジオに台本を取りに行くのは声優本人です。収録現場にもマネージャーは立ち会いません。声優が新人かベテランか、また人気の度合いによって事務所が割くリソースにはグラデーションがありますが、芸能界と比較すれば事務所側の人的リソースは少ない。マンツーマンでマネージャーが対応しているのは、かなりの人気声優だけとなります。人気声優であっても現場に常にマネージャーを帯同するわけではなかったりします。

僕が二〇〇〇年代に声優業界で本格的に仕事をするようになって衝撃だったのは、原稿チェックや雑誌やCDジャケットの写真セレクトをマネージャーではなく声優本人がしていたことです。芸能界ではこれらはマネージャーの仕事です。マネージャーはプロなので、それらを即日作業して返すこともよくありますが、声優業界では声優本人がするので一週間待たされることも普通でした。また、とある人気女性声優とお仕事をしたとき、所属事務所からその女性声優の電話番号やメールアドレスを伝えられ、「直接やりとりしてください」と言われたことがあるのですが、芸能界のマネジメントに慣れていた僕は「どういうこと?」とびっくりしました。しかもほかの事務所の声優さんでもそうだったので、「そういう業界なんだ」と認識するようになりました。「芸能界とはまったく違うんだ」と。

これ、要するに《実質》エージェント契約みたいなものなんです。決めごとは基本的に声優が行う。だからなのでしょうか、当時声優はわりと頻繁《ひんぱん》に事務所を移籍して、とくにそれが業界的に問題があるような気配もさほど感じられませんでした。事務所との契約のことを聞いたら「してない」という人もそこそこいたので、そういう背景もあったのかもしれません。契約書がなくても業務が成立しているというのはお互い信頼関係があるということなので、喜ばしいことではありますが、とある声優から「事務所が何もしてくれない」と相談を受けたことがあり、その旨《むね》を所属事務所の担当の方に話したら、事務所が面倒を見る範囲はきちんと線引きされているというお話でした。要するに「声」の仕事以外は、事務所は本人に任せて関与しないというスタンスです。事務所の少ない取り分からすればその言い分はわかりますし、至極真っ当と言えます。しかしそれを悩んでいる声優当人に話しても、彼女としては事務所がするべきことはいわゆるマネジメント契約の内容であるという認識。声優本人としては声優以外の仕事でどう振る舞ってよいのか、どう自分の身を守るのかなんてわからないわけです。声優側と事務所側にこうした認識の隔たりがある業界なんだなと痛感しました。

この問題、両者とも悪いとは言いづらい。理屈では事務所が正しい。でもエンタメとは決して理屈で成立するものではなく、声優のその状態には心を痛めます。そしてここ数年で業界を取り巻く状況は大きく変わっていきました。

変わる声優像

僕が前項のような経験をした頃、アニメはいまほどには大衆化していませんでしたが、声優はブームとなって日本武道館でコンサートをやる人が出ているような状態でした。雑誌でグラビアが組まれるようにもなり、だからこそ声優が写真をセレクトしなければならない状態だったわけです。とはいえ、ギャランティーについてはアニメにおいてはランク制度などの制定はあったものの、その金額が市場規模に対して大きく変わることなくいまに至ります。

声優／声優事務所は、テレビアニメのアフレコによる収入だけでは食っていけないことはこの章の始めで確認しましたよね。そこで声優業界では「アニメのアフレコ」以外で、より高額な収入が発生する仕事が必要となってきました……キャスティングなどの制作業務や養成所などもそうですが、声優業界は大きくなっていった声優人気という需要もあり、声優のアイドル化／タレント化を受け入れる方向に進行してきたわけです。いまや声優が歌ったり踊ったりすることは当たり前の時代になり、10代の若い世代の声優も増えました。

これはなるべくしてなった進化であったと思います。これまで裏方であった声優というタレントに付加価値をつけて展開したほうがマーケット／ビジネスは広がります。アニメやゲームを中心とする日本のサブカルチャーが台頭した時代が望んだ流れでもあるでしょう。「付加価値のついた声優」＝「アイドル化／タレント化した声優」というものが生まれ、世の中に認知されたおかげで「アイドル化／タレント化した声優」は通常より多くのギャランティーを手にすることができました。これは喜ばしいことだと思います。アニメ業界でも様々なビジネスチャンスが生まれました。なりたい職業ランキングの上位に声優が入るようにもなりましたし、業界の活性化に繋がったことは間違いありません。しかしサブカルチャーが大衆化してメインカルチャーとなると、起こるべき問題＝しわ寄せが当然発生します。

声優事務所のリソース不足

声優のアイドル化／タレント化が進行してきました。これは一九七〇年代のいわゆる「声優ブーム」から、現在に至るまで進行し続けている状況ではありますが、近年急激に肥大しました。これによって起きたのは次の事態です……。

マネージャーのやるべき仕事がめっちゃ増えた！

「なんだそんなことか」と思われるかもしれませんが、これはかなり重大な事態です。

先ほどご説明したように、タレント＝声優ひとり当たりに対する人的リソースが、声優事務所はもともと少ない傾向にあります。つまり声優としての仕事以外、アイドル／タレント的な業務の面倒を見るだけのリソースが足りていないのです。また、声優が人気になり、スキャンダルや事件を起こしてしまったとき、事務所がその対応にも追われることになります。事務所の利益（取り分）を考えると、本来そこまでするようなことではないことにもリソースを割かねばならない状態です。

事務所側が声優に対して心ない対応をしているわけでは、まったくありません。各マネージャーは、それぞれ力の限り声優のために尽くしていると思います。しかし、マネージャーの絶対数が足りていないのです。「足りないなら雇って増やせばいい」と思われるかもしれませんが、これまで何度も出てきているように声優というビジネスにおいて声優ひとり当たりに対する人件費が潤沢《じゅんたく》にあるわけではありませんし、タレント化した声優のマネジメント業務は一朝一夕に習得できるものでもありません。以前、他社のマネージャーが「高校生なんてどう面倒見ていいかわからないよ」と嘆《なげ》いていたことがあります。そう、「タレント化した声優」の面倒を見るというのはこれまでに無い側面が多々あったのです。

そして、いまや声優事務所の社員それぞれの努力ではどうにもならないくらい、声優たちの仕事は質も量も変化してしまいました。それなのにギャラが増えるわけでもなく、事務所と声優との間の取り分が大きく変わることもない状態が続いているのです。事務所の負担が増えるからといって事務所の取り分を増やすと、声優としてはこれまでより減るわけですから、なかなか難しい問題なんです。声優のギャラを維持するには極端な話、声優事務所の業務体制がブラック化するか別の収入でなんとかせざるを得ない状態ともいえます。

未成年の声優の増加とノウハウの不足

声優事務所の仕事において質的な変化が起きているのは、若年層、とくに未成年の声優のマネジメント業務の増加です。これまでの声優事務所は、声優に対して「個人事業主主義」的、いわゆる「エージェント契約」的なスタンスで接してきました。つまり自立した「大人」をパートナーとして仕事をしてきたわけです。

しかし、心身ともに未熟な10代に対して、同じ態度で接することは適当ではないでしょう。本人だけではなく保護者の方ともコミュニケーションを取る必要がありますし、マネージャーは現場へ付いて回る必要があります。アイドルとして重用されるケースも多いため、様々なことからタレントを守らなければならないことも増えてきます。

事務所側がサポートしなければならない領分は、大人を相手にするよりはるかに多く複雑になることはみなさんも想像できるでしょう。いままでの声優事務所とはまったく異なる仕事に当たるため、労働力だけでなく独特の専門スキルが求められるところでもあります。

「声優とは大人として自立しているもの」という、これまで声優業界が前提としていたスタンスが通用しなくなっているのです。前述の通り、声優事務所側はもともとエージェント契約的なスタンスですから、こうした世の中の流れに対するマネジメント業務的なノウハウも不足していました。

しわ寄せの矛先は……

声優のアイドル化／タレント化の進行。それに対する声優事務所のリソースとノウハウ不足。

しわ寄せの矛先は、人気声優とそれを支えるスタッフたちへと向かいます。

声優ファンの方は心当たりがあると思いますが、近年は有名なタイトルに数多く関わっているような声優が活動休止するニュースが相次いでいます。その多くは、アイドル／タレント的な活動を行っている人気声優です。

人気コンテンツをプロデュースしている業界人にとっては、もはやそうした事態が起こるのは日常茶飯事といってもよいほどです。しかも表に出ているのは、ごく一部。もちろん、本人にも周囲にもどうにもできない類《たぐい》の病気で休んだり、その他家庭の事情などが原因で廃業せざるを得ない方は致し方ありません。ですが、やむなく体調不良で休業する方が続出している……。長きにわたったエージェント体制

（声優なんだから自立した大人なはずだよね）という認識（これは事務所だけでなく、業界的な認識）。ゆえにこうした変化があるにも関わらず気づきづらい、対応に至りづらい状況と考えられます。

アイドル化／タレント化した声優ほど、仕事量は多く、仕事の質も複雑です。声優側は、人気になるほど自分は忙しいのに事務所はそれに見合ったフォローをしてくれない……そのような考えに陥《おちい》って心身を衰弱させてしまうことでしょう。

もちろん経営の差配ではあるので、タレントに不満を抱かせてしまうことは基本的に事務所側の落ち度と言われてしまうかもしれません。ですが事務所は、人気声優だけをマネジメントしているわけではなく、所属している声優全員をマネジメントしています。マネージャーはひとりで何人もの声優を担当していたりします。必死にフォローをしようとしても仕事量に限界はあります……事務所側の人材も、実は無理がたたって心身を壊して休職／離職してしまうケースが多数発生しているのです。そして、事務所の取り分が少ないからと言って、声優に対して「病んでも面倒見られない。自分のことは自分でやりなよ」とはさすがに言えません。

このように、声優も声優事務所も疲弊しているのが現状です。そんななか、みなさん本当によくやっていると思います。

誰も悪くないがゆえの難問

事務所に守ってもらえないことで声優が「自分の身は自分で守らないといけない」という価値観を持つこと。これは仕方がないことですし、現実的に自分の利益について自分で考えるということは、ビジネスにおいて大切なことだと思います。

とはいえ、事務所側が利益を不当にせしめているような悪の存在ではないことは、これまでの説明でご理解いただけていると思います。そもそものギャランティーが潤沢ではないうえに、分配比率も抑えている状態でタレント業務にも芸能界ばりの手厚いサポートをするだけの体制を整えたら、声優事務所は潰《つぶ》れてしまいます。

数年前から、事業から撤退する声優事務所が出てきたのは、もしかしたらそうした事情もあるかもしれません。

せめて分配比率を変えればいいのではないか？　そう考える人は当然いらっしゃるでしょう。でも、考えてみてください。たとえ理屈は通っていたとしても、これまでと同じ仕事をしているのに収入が減るといわれて、声優側はなかなか納得できるものではありませんよね。

二〇二〇年代に突入した現在、ギャランティーの分配率や報酬体系も少しずつは変化しているようですが、まだ対応が追いついていませんし、テレビアニメの出演料も変わっていません。声優の仕事の変化のスピードに対して業界的に間に合っていないのです。

空気は劇的に変えられない

芸能系のプロダクションが声優部門を立ち上げるケースも散見されます。アイドル／タレントをマネジメントするノウハウを持つ事務所であればうまくいくのではないかと期待するのですが、なぜかみなさん声優業界に感化されてしまいます。

その理由は郷《ごう》に入っては郷に従え的な部分も多々あるでしょう。また「楽だから」というところもあるでしょう。実際、そういった発言をされているマネージャーさんもいました。声優事務所の業務であれば、芸能事務所ほど《タレント＝声優》に対してリソースを割かなくていいわけですから劇的に低カロリーです。

しかし業界が《実質》「エージェント契約」的だからこそですが、声優同士の横の繋がりで他社のタレントと情報が筒抜《つつぬ》けになることが多いことの問題点もあります。これはリテラシーの問題とは言えますが、とある芸能事務所が声優業界に参入したとき、その声優部門のマネージャーさんが悩んでこんなことを吐露《とろ》していました。

「ギャラのことであったり、声優はこうあるべきだなどを他社の声優が自社の声優に吹き込むので困る」と。芸能事務所というのは基本的にタレントをどういうスケジュール感でどう売るかという方針を持っていますから、そういった様々な前提を知らない他者にあれこれ言われて自社のタレントが不安になったり振り回されると、事務所としては大変困るわけです。タレント自身もそういった戦略を語ることはできませんし、もちろん助言してくださっている声優だって良かれと思って言っているので悪気はありません。そんな話を聞いていた僕は、その事務所の女性声優さんに楽屋で「不安なことがあっても事務所を信じて○○さん（マネージャー）についていくんだよ」とエールを送りました（そのマネージャーさんのいる前で）。あれから約十年、彼女はいまでも同じ事務所で第一線で活躍しています。優秀なマネージャーさんなので、僕が言ったからだなんてこれっぽっちも思ってませんが、良かったと思ってこっそり応援しています。

そんな状況があると、芸能事務所系であっても声優事務所的な対応を取らざるを得なくなってくるのはわかります。しかしこれだとせっかく芸能事務所のノウハウを持ったところが参入しても力を発揮できないのではと、ジレンマを感じるところではあります。

もちろん芸能界が理想像ということではなく、芸能界は芸能界で問題を抱えています。僕自身、芸能界やテレビ業界でどうにもできない闇《やみ》と憤《いきどお》りに直面したことが多々あったからこそ声優業界に身を移した経緯もあります。

ですが功罪の「功」の部分、芸能界に優れた仕組みやノウハウがある点も、また事実です。そうした良い部分を活かすことができないのは、もったいないなと感じています。

声優業界と芸能界のハイブリッドを目指して

こういった背景があるため、目指すべきは、芸能界のマネジメントと声優業界のマネジメントの良い点のハイブリッド。僕はそう考えて仕事をしてきました。声優のアイドル化／タレント化を推進しながら、それを充分にフォローアップできる体制を整えるべく芸能界のマネジメントの作法を導入し、いまなお進む声優像の進化とそれに伴う事務所の形を模索しています。

二〇〇〇年代に、「スタイルキューブはタレントに甘い（笑）」と言われたのは懐かしい思い出です。当時スタイルキューブでは新人の声優の仕事現場にもマネージャーが同伴するようにしており、車による送迎もしていました。現場にマネージャーが来ないことが当たり前だった当時としてはとても珍しかったのです（未成年なんだからこちらとしては当然の対応なんですけどね）。そのように芸能界の方法で声優をマネジメントしていると、その頃は「過保護」という印象を周囲に与えました。しかし最近の動向を見ると、現場にマネージャーが同伴するケースも珍しくなくなっていて、あれから時代はずいぶん変わったなと感じます。

既存の業界はいかに変われるか？

しかし、まだまだ変化に業界が追いついていないのが現状です。抜本的な変化を求めるのであれば、いっそ既存の声優業界をスクラップ＆ビルドするという選択肢もあり得るのかもしれません。僕はそれはあまり良いこととは思いませんが、ひとつの選択肢、可能性としては考えられることです。

もともとニッチでサブカルチャーであったアニメはいまやメジャーな娯楽となり、日本どころか世界においても「日本のアニメがすごい」という評価を得ることになり、「ＭＡＮＧＡ」や「ＡＮＩＭＥ」はもはや世界で通じる言葉です。産業が大きくなればなるほど、メジャーの流儀に対応できる会社が残ります。裏を返せば、対応できない会社や業界は消えていくことになります。たとえば芸能界では、テレビ番組に出るには大手芸能事務所じゃないと難しいという認識があります。これは大手事務所は対応力を持っているという信頼関係から成り立っているところがあります。

地方アイドルが注目を浴びても東京に出てきてテレビで活躍する際には大手に移籍することがほとんどです。小さい事務所でがんばっていても対応できずに大手に移籍する事例をたくさん見ているので、マーケットが大きくなってメジャーになると事務所はその対応力が無ければならないと実感しました。大手に潰されるという闇ももちろん無いとはいいませんが、タレントが売れると発生する必要な業務に弱小事務所では対応できないことが多いのです。

僕はこうした風潮が見えてきた頃、いかにしてメジャー化の流れからアニメ業界や声優業界を守ることができるのかを考えようとしていました。メジャーの世界＝芸能界です。声優業界が安易に芸能界化することは、望ましくないと思っています。「声優」という業界の領域、特別な職業／タレントの領分があるからこそ、活躍できる才能があると考えているからです。そして芸能界の闇を嫌というほどよく知っているからこそ、その闇を採り入れないことが大事と考えているのですが、業界が発展する、即ち「売れる」とどうしても「闇」が持ち込まれてしまうものなのです。

わかりやすく言うと、メジャーになると必ず「お金」と「女性」問題が浮上しますし、様々な業務のなかで精神的に病む子も必ず増えるのです。

声優業界が芸能界化することに対しての抵抗感は強いのですが、「もしかしてこれは流れをせき止めない方が正解なのでは？」と考えてしまうこともあります。たとえば人気タレントのギャラは声優の相場と違うので、そういった流れが声優業界に食い込んでくることで、タレントのギャランティーの相場に合わせて、声優のギャランティーも底上げされるかもしれません。逆に淘汰《とうた》されてしまう可能性もあります。アニメの制作費やそこから支払われるアニメーターのギャランティーが低いことも度々話題になりますが、そこに資本力のある企業が乗り出すなど、外圧によって、伸び盛りの業界は一気に変革される可能性もあります。スクラップ&ビルドですね。こうした動きは日本のアニメがメジャー産業になったからこそです。

もしそのような流れが加速したら、一気に業界の構造が良くなるのかもしれない。でもそれは劇薬的な処方で、様々な副作用が考えられます。芸能事務所に所属できるようなタイプの声優だけが、大手に拾われて生き延び、ほかの大多数の声優が滅《ほろ》びてしまうような可能性もあるわけです。声優事務所が芸能事務所に吸収されてしまうかもしれない。そこに残った声優業界は、本当に僕たちが望む姿をしているのだろうか……こうした危機感も、意識しておくことは大切でしょう。

カウンセラーとしての声優事務所

さて、結局こうした現状を踏まえて、声優事務所に何ができるのでしょうか。仕組みを劇的に抜本的に変えられないのであれば、個人との向き合い方を適切に対応させるしかない。そう僕は考えています。

いま声優の事務所、そこに所属するマネージャーに求められているのは、限られたリソースのなかでも真摯《しんし》に向き合って、抱えている問題を解決してあげるカウンセラーのような役割です。声優にとって事務所はいつでも「安全地帯」であらねばならない。

ただ、気持ちに寄り添うだけではない。些細《ささい》なことであっても、声優が不満や疑問を感じていたら、きちんと受け止めつつ、解決の方向に導いてあげられること。それも、事務所側にとって不利になるかもしれないことであっても、きちんと向き合う。ごまかさず、真面目に対応することが必要です。事務所にはどういうコストが発生しているのか。どれだけの利益が発生していて、それはどういう活動に紐《ひも》づいているのか。後ろ暗いところがなければ、すべて説明すればいいはずです。

そして声優側はそういった現実を受け止める心構えが必要です。お互いがそういう関係を持つことによって二人三脚が成立するはず。なんらかの危機的状況があっても対応できるためにはタレントと事務所が二人三脚でお互いにがんばり合える関係が大切です。

架空の悪を作らない

僕が見ている限り、声優事務所はどこも本当にがんばっていると思います。そして、声優のみなさんもがんばっています。

それなのに、どちらの方ががんばっているとか、不満を押し付けるような状態は不健全です。事務所は声優のみなさんに、「この状況を僕らもなんとかしようとがんばっている」と、胸を張って言わなければいけない。

なんとかするのは簡単なことではありません。声優だって「がんばれない」と感じることもあるでしょう。どうにもならないとき、人は架空の敵＝悪を作ってしまうことがありあます。『ドン・キホーテ』の風車のようなもので、そこにいないはずの怪物を勝手に作り出して、必要のない戦いを挑み、疲れ、メンタルを削られてしまうことがあります。敵ではない人を敵にしてしまうこともあります。

そうならないように正しく対応し、問題に向き合えるようにタレントを導く。いまのアニメ・声優業界の構造のなかで、声優事務所にできる策は、ひとまずはそれぐらいしかないのではないかと思います。タレントマネジメントの本質とは「導くこと」ですから、事務所は正しくタレントを導かねばなりません。

メディアは、何か問題が発生したときにセンセーショナルな話題にしがちです。そこで作られた「架空の悪」を攻撃しても、業界の改善には繋がりません。だからこそ、ここまで語ってきた声優業界の事情を、本書を通して業界の外側にいる読者のみなさんにも共有いただけることは、我々にとっても声優にとっても大きな力になります。ここまで書いてきたことで決して誰かが悪いわけではなく、変革期になるべくして起きることだということがわかっていただけたかと思います。

この認識を大前提に、以降の章を読んでいただけるとうれしいです。次の章では、主に二〇〇〇年代について、この現状に対応すべくスタイルキューブが何を目指してきたかをご紹介させていただきます。

第2章

スタイルキューブが考える「アイドル声優」とは

この章では、スタイルキューブという事務所が小倉唯や石原夏織を始めとしたスターたちを生み出す過程を振り返ることで、僕が声優業界に対して思いを巡らせ、実行してきたことのアウトラインをご紹介したいと考えています。そもそも、なぜこうした「アイドル声優」を世に出そうと考えたのか、その基本理念が大切だと考えるからです。

前史 声優業界への第一歩

まずは前段として、僕と声優業界の関わりから順を追って話していきましょう。

僕が声優業界の仕事に本格的に携わり始めたのは、二〇〇一年頃のことでした。僕がデビュー前から引退まで携わったアイドル、水野《みずの》あおい（一九九四年デビュー／活動期間：一九九一～二〇〇〇年）のライブの最前列でジャンプしていた女の子のファンがいました。現在、声優としてもアーティストとしても大活躍されている桃井《ももい》はるこさんです。彼女との出会いがあり、『月刊アスキー』の連載など一緒に活動することが多々ありました。その頃、自分のフリーとしての仕事が個人では抱えきれない規模になったため、一九九九年（平成一一年一月十一日）、後に株式会社スタイルキューブとなる有限会社スタジオキューブを設立しました。この会社は映像制作やサーバ、ソフトウェア開発などがメインでプロダクション業務をやるつもりは無かったのですが、当時どこも桃井はるこのような特殊なタレントを面倒見ることができる事務所がない（当時の芸能事務所はどこもオタクなタレントをうまく扱えなかった）ということで、うちで預かることにしたんです。その後、彼女はテレビアニメ『The Soul Taker ～魂狩～』（二〇〇一年）にて中原小麦《なかはらこむぎ》役として自身初の声優デビューをしました。これがうちの会社としての声優第一号のお仕事。当時自分も『月刊アスキー』のほかにインターネットアスキー等で連載を持っていたこともあってネットをフル活用した戦略を取りました。

さらにその後、植田佳奈《うえだかな》さんや浅野真澄《あさのますみ》さん小清水亜美《こしみずあみ》さん、松来未祐《まつきみゆ》さんなど人気声優のアルバムのアートディレクションや映像制作、ライブ制作をしたり、ブロッコリーさんの運営するアイドル声優プロジェクト「G.G.F」のお手伝いをしたり、様々なゲームのキャスティングをしたりといった形で声優業界との付き合いが深まっていきました。

そうした一連の仕事を通じて、「いまの声優業界とはこういうところなんだな」という業界のイメージをつかんでいきました。

露出慣れしていない声優業界

率直に言えば、「声優業界がこうなればいいのに……」と思う点は、その時点でもいくつか感じていました。

たとえば、当時既に声優のタレント化は進んでいました。いわゆる「顔出し」の仕事も多くなってきたのですが、ここで第1章にも書いた問題に直面しました。雑誌などに載る写真を声優自身がチェックするので一週間かかる問題です。芸能事務所だったら、絶対にありえない。なぜなら、芸能界の方々は出版を始めとするメディア業界のスケジュール感をある程度理解しており、そしてチェックはタレント本人ではなくマネージャーがするものだからです。即日でチェックを戻さないと入稿に間に合わないような出版物の進行はよくあります。ですからマネージャーが写真を迅速《じんそく》にチェックして、すぐに回答するのが常識です。テレビ業界はもっとタイトです。収録時にマネージャーが現場でモニターチェックしないと編集したものを後で確認する機会がありません。なので、あとはお任せになるのが通常なのですが、声優が出演するとき、しばしば「このカットを削ってほしい」などのやりとりで揉《も》めているのに遭遇《そうぐう》しました。テレビ番組は放送法で守られているため、原則的に編集に口を出すことはできないのですが、これも「あぁ、文化の違いというか認識の違いか」と思ったものです。

写真や映像だけではありません。歌の仕事やイベント出演に関しても、「声優だから歌やイベントはちょっと……」と言って断られるようなことも多く、なかなかクライアント側が望むような仕事が依頼しづらい状況がありました。そんなわけで芸能界の一般的な常識が、まるで通用しない世界だったのです。

とはいえ、クライアントサイドにヒアリングすると、業界としてはそう言った歌やイベントなどアイドル的な活動を望んでいる企業は多かった。当時、モーニング娘。が大人気だったという背景もあるかもしれません。アニメ声優業界にもハロー！プロジェクトが好きな方たちがたくさんいらっしゃいましたしね。そんな状況を踏まえ、クライアントのニーズに応えられる声優がいたらいいよね……という話を、アニメ業界、声優業界に関わる方々と度々交わしていました。

アップフロントをパートナーに

当時のスタイルキューブの業務には、ゲーム関係の案件もありました。

主にゲーム作品のキャスティングやモーションキャプチャに関わっていたのですが、とある会社から「アイドルものの作品」の相談をいただきました。新しいことをしたいということもあり、ただキャラクターに合う声の持ち主を選ぶだけではなく、たとえばライブのような稼働があったときにちゃんと「アイドル」として見せられるようにしましょうという提案をし、そして、そういう方針で進めるなら、声優事務所ではなく最初から芸能事務所と組んで声の出演者を選んだ方がいいんじゃないかと考えました。

そこでたどり着いた答えが、当時モーニング娘。が全盛を極めた「ハロー!プロジェクト」、通称・ハロプロを擁する芸能プロダクション・アップフロントをパートナーにすることでした。ところがどういうワケか、僕自身がアップフロントで社長として会社を任される流れになりました。実はその頃、アップフロントグループ内でも「アニメや声優に絡《から》めたプロジェクトをできないか?」という動きが持ち上がっていたのです。

アップフロントとアニメ事業

アイドル声優の歴史に興味がある方には、アップフロントとアニメの繋がりは、二〇〇〇年代から急速に深まったように見えているかもしれません。でも実は、一九八〇年代の時点で既に『プロジェクトA子』というOVAの企画に参加していたり、その後も『銀河鉄道物語』という松本零士《まつもとれいじ》さん原作のテレビアニメに関わっていたり、アップフロントはアニメの世界に意外と接点のある会社なんです。

そして僕をアップフロントの社長に推薦したのは、日本のアニメソング歴代売上ランキングトップ50のほとんどを手がける某大手音楽制作事務所の創立メンバーですから、芸能界のなかでもアニメのことをわかっている方。つまり、アニメについての芸能界的ヒットとは何かをわかっている人でもあります。世間の声優のアイドル/タレント化の流れを察知し、あらためてアニメ/声優のプロジェクトをアップフロントとして進めて行こうという機運が高まっていた、ということなんだと思います。

株式会社アップフロントスタイル設立

かくしてアップフロント内に、「アニメや声優に絡めた新プロジェクトを立ち上げたい」「ハロー!プロジェクトとは違う新しいことをやりたい」というふたつの狙いが同時進行的に持ち上がり、声優とアイドルの両方がわかる人材を探していたようです。

いまではそうした人材も珍しくないかもしれません。ですが二〇〇七年当時は、アニメ業界とアイドル業界の双方に精通している人はほとんどいませんでした。

そんなこともあって僕がいきなりアップフロントで新会社の社長となり、新規プロジェクトのために動くことになったのです。

本当に急展開でした。当初はアップフロントとスタイルキューブで業務提携をして、プロジェクトを一緒にやりましょう……くらいのつもりでいたのですが……。

もちろん、大きな決断になりますから、その場では答えずに持ち帰ってスタイルキューブの社員たちと話し合いました。そして出した結論が、「スタイルキューブの社員は全員、アップフロントの新会社に出向。スタイルキューブがいま持っている業務は、全部新会社でやる」というものでした。そうすることが、もっともスムーズだと判断したからです。

こうして、株式会社アップフロントスタイルがスタートします。

ハロプロタレントを声優へ

株式会社アップフロントスタイルを立ち上げて最初にやったことは、当時六十人ぐらいいたハロー!プロジェクトのメンバー全員と面談をすることでした。

まずはハロー!プロジェクトのメンバーのなかから、アニメや声優に親和性の高そうな子を探したのです。

そうして選抜されたのが石川梨華《いしかわりか》、嗣永桃子《つぐながももこ》、能登有沙《のとありさ》。アニメ関係者をゲストに呼ぶ番組を制作したり、KADOKAWAさんと共同プロジェクトとして二〇一〇年にモーニング娘。の田中《たなか》れいなをモチーフにした主人公として、本人が声優もやったテレビアニメ『怪盗レーニャ』を制作。『怪盗レーニャ』を筆頭に、田中れいなのアニメ関係の仕事へのチャレンジは当時のファンには驚かれましたが、一連の流れがあって必然的に出てきたものだったのです。

ソロでも活躍できるタレントを

少々余談になりますが、田中れいなのソロプロジェクトを立ち上げるときにイメージしていたのは、乙女塾《おとめじゅく》におけるCoCoのことでした。

乙女塾というのは、一九八九年から九一年にかけてフジテレビが主催・運営していたタレント育成講座です。CoCoはその参加者から生まれたユニットですが、解散したあともそれぞれのメンバーが、ソロでもちゃんと活動できるような提案を所属事務所にし、実践していました。そして実際に、羽田恵理香《はねだえりか》（現：はねだえりか）や三浦理恵子《みうらりえこ》が、ソロのアイドルとして成功します。

ハロー！プロジェクトでも、同じことができたら……という気持ちがありました。グループを卒業したので、ソロになります……というだけだと、どうしてもソロでの人気は、グループで活動していた時期よりも落ちてしまうことが多いです。そうならないように、きちんとソロでも人気を維持できる筋道を作ろうということが、念頭にありました。

この考え方はユニットを運営するうえでとても大切です。

オーディション開催へ

さて、会社ができてから声優のオーディションも一般に向けて行いました。それが二〇〇七年に行われた「アップフロントエッグオーディション」。ハロー！プロジェクトのオーディションを拡大して、その研修生であるハロプロキッズだけではなく、より広いくくりで次世代を担う人を採用しようという、アップフロント全体のタレントを広く募集するオーディションで、そのなかに声優部門を作りました。アイドルとしてだけでなく、アーティストやミュージシャン、役者といった、様々なタレントの素質を求め、そのなかに声優としての資質を見る部門も作ってもらったのです。

このオーディションは年に何度か行われたのですが、何千人という応募があり、その第一回目の応募者のなかに、小倉唯がいたんです。

小倉唯との出逢い

小倉唯は当時、小学校六年生でした。この第一回オーディションで、声優部門はふたり採用していますが、書類だけでピンときたのは、小倉唯のみ。

ちなみに、もうひとりは応募以前に別の活動をしていたことを僕は知っていました。その子はこれからやろうとしているプロジェクトに対して、理解度が高いだろうな……と思ったので採用したという経緯がありました。そのプロジェクトとは、二〇〇八年の五月にスタートした「HAPPY！STYLE」です。ファンに「ハピスタ」という愛称で親しまれた、育成段階のタレントによるライブ活動を中心としたプロジェクトでした。ここが小倉唯のタレント育成の場でもありました。

オーディションで小倉唯を選んだ理由は、言葉にするのがとても難しいところです。

書類の時点で感じたオーラのようなものは、応募してきたほかの子たちのなかにもありました。しかし、そのなかでも彼女に関しては、感覚でしかないのですが、見た瞬間に五年後、十年後がイメージできたんです。そういうイメージが湧く子は売れます。「どうやったらイメージできるのか?」「具体的にどういうイメージが浮かんでいるのか?」とよく聞かれるのですが、なんともいいようがないんです。そこが、僕たちがこの仕事を続けられる理由のひとつなのかもしれません。

僕が小倉唯を選んだ二〇〇七年当時、テレビや出版業界も含めて、アイドルや声優など芸能に関わる仕事をするようになってから二十年ぐらいが経っていました。それだけの蓄積があっての、経験則のようなものだと思います。

芸能界では数多くのタレントを見て来ましたし、立場的にどの事務所とも中立でいられたことで様々な芸能プロダクションのタレントを育ててきた方と話ができたのも大きかったです。多くのオーディションを見て、「どうしてこの子が選ばれたんだろう?」、そしてその子たちがその後どう成長していったかなども、データとして自分のなかに蓄積されていました。

タレントの顔って身体的な成長や売れていくに従って（要するに他人に見られることによって）みるみる変わっていくんです。整形じゃなくてね（ここ大事）。どう変わっていくかをずっと意識的に見るようにしていました。高校生から20代になるまでにもかなり顔つきが変わるのですから、それが小学生からなら、それはもう劇的です。

小倉唯の次のオーディションで採用した石原夏織も、僕がアップフロントを辞めた後に開催した第一回スタイルキューブ声優オーディションで合格した伊藤美来、豊田萌絵も、書類の時点で「この子だ！」とピンときた子たちです。僕の場合、オーディションで実際に会うのは、ほとんど書類の印象の答え合わせをするようなものだったりします。自分の場合、オーディションでトップに選んだ子の印象は、書類での印象とまず変わりません。

声優育成のためのライブ開催

さて「HAPPY！ STYLE」、通称・ハピスタのライブの話に戻ります。声優を育てるのに、いきなりライブをさせることに戸惑われる方もいるかもしれません。これには、もちろん意図がありました。

声優としての活動というのは軌道に乗り始めると、ライブをやりたくても、歌とダンスを覚えるために取れる時間が短くなってしまうのです。そのことがこれまでの経験でわかっていたので、それに対応するための訓練をする狙いがありました。

ライブまでの通常の流れとしては、まずセットリスト（曲目）が決まります。次に決まった歌の資料を演者に渡します。そこからリハーサルをしていくのですが、HAPPY！ STYLEではその期間を二週間に限定すると決めました。もし二週間以上前に資料を渡せる状況になっていても渡さない。決められた期間のなかで、どうやって歌と振り付けを覚えるか、そのスキルを身につける仕組みをタレントの訓練として行おうとしたのです。

ただ期限を区切る代わりに、覚え方に関してはきちんと演者にマンツーマンで指導をしました。詳しくは文章ではなかなか表現しづらいですが、歌やダンスを覚えるのにはちょっとしたコツがあるのです。そして自分から能動的に学習できる子になるようにするわけです。そして振り付けをした人の意図（表現したいこと）を読む。丸暗記はしない。そうした覚え方を一度身につけてしまえば、あとはそのやり方で自《おの》ずとできるようになります。ライブは通常のレッスンをするよりもめっちゃアドレナリン出ますから研修としてはとても有益です。また、ライブ後の反省会も大切です。

そうしたライブの経験を、年三回ぐらいのペースで積ませていきました。

ライブ会場は、当時、大手芸能事務所のワタナベプロが本社の地下一階に持っていた、表参道ＦＡＢというライブハウス（現在の「表参道ＧＲＯＵＮＤ」）を主に使わせていただきました。会場をなるべく固定するという戦略もありました。お客さんに知っていただくために、地下アイドルが対バン形式で集まるライブイベントにときおり参加したものの、基本的にはなるべく自分たちで主催するライブに出すようにしていたのです。

アイドルカルチャーを力に

ハピスタでは、こんなことも意識していました。アイドルソングやアニメソングをリスペクトし、広くみんなに知ってもらいたいという思いです。ライブではほとんどがカバーソングで構成されていました。そしてカバーをする際に、その曲をできるだけ知ってもらうことが大切でした。だから僕らの主催するライブでは、ハロプロの曲もカバーしつつ、ほかの系統にいる過去のアイドルの名曲であるとか、洋楽であるとか、ハロプロの楽曲にインスピレーションを与えてきたであろう先行する楽曲もセットリストに混ぜてカバーするようにしていきました。

そうやって聴く／カバーする音楽の幅を広げていくなかに、アニメソングももちろんありました。ハロプロの楽曲にもアニソンが大量にあったので、それを入れながらアニソン縛《しば》りでセットリストを組んでみたこともありましたね。

小倉唯や石原夏織も当時、いろんな曲を歌うことで「こういう曲を歌ったら、こういう風にお客さんは盛り上がる」など、いまの活動に繋《つな》がるものをつかんでいったはずです。

個性を殺さない努力とジレンマ

そうした訓練と並行して、彼女たちを声優として育てるための、ボイストレーニングも進めていました。

石原夏織は先ほど話したアップフロントのオーディションで声優志望で応募してきましたが、小倉唯は実は声優志望として参加していません。そんな彼女には「自分の声に魅力がある」と自覚してもらうことが必要でした。

もともと彼女は自分の声があまり好きではありませんでした。そんな彼女にはまず、自分の声の魅力に向き合ってもらわなければなりません。

声優としてのボイスレッスンをしていただいたとき、その様子を見て、僕は小倉唯の良さが潰れてしまうと思いました。これは業界でも見解が割れるかもしれませんが、トレーニングが悪く作用してしまうと、タレントの個性的な声が一定の方向性に均《なら》されてしまうことがあると僕は考えています。

すぐに「一般的な声優のレッスンはそうかもしれないけど、小倉唯のようなタイプの声質には合ってないと思うからやめましょう」と話をして、ぜんぜん違う形で、彼女が持っている声質を活かすためのレッスンを考えました。

才能にあわせたレッスンを

その前から小倉唯に限らず、スタイルキューブに所属してもらう子たちには、ひとりずつそれぞれに合ったレッスンをしないとダメだと感じていたのですが、とくに小倉唯はその傾向が強かったです。

具体的なポイントとしては、先ほどの理由から声を前に出させるような発声練習をあまりさせないことを意識しました。最初に鍛《きた》えるのはそこではない。では、どの能力を伸ばすのか？　方針を決めてから、レッスンで何を教えるかは、試行錯誤の連続でした。

通常の講師が思いつくようなやり方ではなくて、そのタレント専用にカリキュラムをカスタマイズするのは、手間がかかります。

そうした手法をとったとき、一般的にイメージされている声優のレッスンと違うことをやることになるので本人にしてみれば「レッスンしている」気になっていないかもしれません。そうすると不安になるし、自分たちに何が求められていて、そのために何をやらされているのか、理解するのに時間がかかります。小中学生だとなおさらそんなことはわからないですよね。とにかくレッスンとは、決まったことを、決まったようにやる。「こういう風にするべきだ」という思い込みが、どの子にもあります。それを崩さなければいけません。こういった個々のタレントによって違う部分はその子の個性をどう引き出すかというところに関わるので、とても重要だと考えています。

基礎レッスンを過度に重視しない

個人それぞれに合わせた独自のレッスンプログラムを組むことは、僕のなかでは自分が考えてきたこと、これまで芸能界で長きにわたってやってきたことに対する答え合わせの側面もありました。僕としても、この育成の時期に「アイドル声優」

を育てることに関して腹をくくった部分がありました。

アップフロントの仕事を請《う》ける前、僕は自社ではない事務所のタレントのサポートばかりをやってきました。そうした仕事から得た知見はたくさんありますが、「自分が採用し、ゼロから育てた自分の事務所の子」というのはそれまでいなかったので、アップフロントでは全責任を負って、自分の培《つちか》ってきたあらゆる経験をフル活用して、まったく新しいことをトライする場となり得たのです。

そこで既存の概念を一回捨てて、タレントを育成することの本質をベースに真剣にカリキュラムを構築していきました。いままではそのやり方に自信が持てているので、声優志望の子はもちろん、ほかの形での役者を目指す子であっても、「基礎レッスンを過度に重視しない方がいい」と迷わず話をしています。

なぜかというと、本人たちが基礎の重要性を理解していないのにレッスンしても、身につかないからです。やってるだけ、こなしてるだけ、それだと身につかない。本人たちが活動していくなかで、何かに直面して「学ばねば!」と思った瞬間がいちばん身につくものです。いかにその状態に持っていくかを、僕たち指導する側は考えるべきだと思います。たとえば英語を身につけるとき、学校では文法を教えますが、実際は会話からの方が上達するって言いますよね。それと同じで、これまで常識と思い込んでいたことに疑問を持ち、何がいちばんの近道なのかを見つけることが重要なんです。そしてこれ、実は「基礎や技術が大事だからこその回答」なんです。レッスンとはやれば良いというものではありません。大事な基礎や技術が身につくかどうかは本人の意識に大きく依存するのです。

これは声優業に限らないかもしれません。その状態に持っていくための手段を考えることが、人材育成では必要なんだと思います。そして、何がやる気のきっかけになるのかは、ひとりずつ全部違う。大変難しいことですが、挑戦しがいがあります。

おもしろいエピソードをひとつ。

ゆいかおりやStylipS《スタイリップス》、Pyxis《ピクシス》など歌って踊る声優ユニットが多いスタイルキューブは普段めっちゃダンスレッスンやってるんだろうと言われることがありますが、おそらくみなさんが思うほどはやっていません。他社では週に何度もレッスンやったりなどということを聞きますが、うちは実はそれほどやっていないんです。これがそんなにやらなくてもちゃんと踊れるようになるという「その状態」に持っていった結果なんです。もちろんそれはひとえに本人の努力無しでは成し得ない賜物《たまもの》でもあります。

スターは効率的に生産できない

以前、芸能界のとある偉《えら》い人から聞かれたことがあります。「タレントを効率よく育てる方法はないのか?」と。そのときにはっきりと「ありません!」とお答えしました。

こう聞くと養成所のように「一斉に同じレッスンを、大量の候補生を相手にやるのは、効率的ではないのか？」と考える人がいるでしょう。「教育」とは、一般的にはそういうものですよね。でも、僕の考えでは、タレントの育成においては、その方法がもっとも手間がかかります。

というのも、その方法では「スター」は生まれないからです。正確にいえば、その方法は似たような子を生み出す大量生産の方法であり、そこからスターを輩出するには大量に育成したなかから、偶発的にスターが誕生するのを待つしかない。しかもそうしたレッスンを行うと個性が死んでしまう可能性が非常に高い、つまりスターが生まれにくい。

そうではなくて、きちんと個々の才能を見出し、マンツーマンで手間をかける。このやり方が結局、効率が悪そうで、もっともいい方法なのだと思います。ただ、見出したと思った才能が、結局ダメだった場合にはダメージが大きいので、バクチ要素も多々ありますから、自分の目を養うことがとても大事です。

でも、そうしたコストやリスクを背負うことこそが、人を採用、育成する側の責任なのではないでしょうか。

アイドルは盆栽

僕はよく「アイドルは盆栽である」と言います。一般の人には盆栽って園芸とどう違うのか、盆栽の価値ってよくわからないという人が多いと思います。同様にアイドルには理解し難い特有の価値があります。

個々の特性をつかみ、適切に手を加えることによって価値あるものへと変貌《へんぼう》させていく、そしてそれはひとつとして同じ物がない。盆栽のように曲がった枝までもが正解であり、アイドルにおいてその子ならではの「素」の個性をいかに活かすかというところは、盆栽という日本の文化に通じるところがあると考えます。

そんなこと言うと盆栽の偉い方たちから怒られてしまうかもですが、でも、だからこそ「アイドル」という文化は日本特有のものであり、これは「マンガ」や「アニメ」にも通じるところがあります（この辺の西洋文化と日本文化の話は長くなるので割愛）。盆栽作家の巨匠、小林國雄《こばやしくにお》氏は「植物を育てるのに必要なのは、水と光と温度、そして人間の愛情、時間をかけて目標を達成していく喜びが盆栽の神髄《しんずい》」とおっしゃっています。アイドルも正にその通りで「効率的な育成」などとは無縁な存在であり、そこには育てる側の「匠《たくみ》」としての強い信念と愛情が必要なのです。

ゆいかおり誕生

小倉唯を採用したあと、第二回オーディションで石原夏織を見つけ、ライブ活動などを経てアイドル声優を生み出す試みが少しずつ形になってきました。

その過程で、小倉唯と石原夏織によるユニット「ゆいかおり」が生まれます。イベント出演を重ねるなかで、そうした機運が少しずつ高まり、ふたりが自発的にイベントのなかで「ふたりでやります」と宣言する形で始まったユニット活動でした。

最初は「にひえへ」……「『にひにひ』笑う唯ちゃんと、『えへへ』と笑う夏織ちゃん」のユニットとしてライブのオープニングアクトとして初登場し、あとで「ゆいかおり」に改名したんです。実は「ゆいかおり」という名前は決まっていたのですが、いろんな事情と戦略があって、初出では「ゆいかおり」とは言わずにおこうということにしたのです。

その後、とらのあな限定で二〇〇九年にCDを出し、翌年にはスターチャイルドから、テレビアニメ『kiss × sis』のEDテーマ「Our Steady Boy」でメジャーデビューすることになります。この流れを作ることができたのも前述の定期的に行っていたライブ企画が業界へのプレゼンテーション公演となっていたことがとても大きいです。

初音ミクのモーションアクター

ゆいかおりのデビューは、二〇〇七年にPlayStation Portable専用ソフトとしてSEGAさんから発売されたゲーム『初音ミク -Project DIVA-』に、モーションアクターとして小倉唯や石原夏織が参加していたことがリンクしています。

スタイルキューブはSEGAさんとのお付き合いも長く、SEGAさんにはスタイルキューブがアップフロントと行っている事業展開、なかでも歌や踊りをゲームに盛り込むためのリソースについては伝えてあって、そこから『初音ミク -Project DIVA-』のモーションアクターのお仕事が来ました。当時声優の仕事は「声」の仕事という風潮が強かったのですが、僕らとしては声優には「身体を動かす演技」を積極的に学ばせたいという意図もあり、小倉唯、石原夏織らをモーションアクターとして投入しました。そして『初音ミク -Project DIVA-』の発売プロモーション、僕ら的にはまだ新人で名前の知られていない小倉唯をみなさんに知っていただく機会として「小倉唯で〝踊ってみた〟をやろう」という話になり、ニコニコ動画で二〇二三年現在二六〇万再生を超える「【小倉唯】「みくみくにしてあげる♪【してやんよ】」を踊ってみた」(https://www.nicovideo.jp/watch/sm7630464) の発表に繋がったのです。

そうした経験を積ませていたことで、『kiss × sis』のEDで3DCGキャラクターを使ってダンス映像を作るためのリファレンス動画(人間が実際にダンスをし、その映像をもとにしてCGキャラクターに動きをつけて行くための参照動画)を、ゆいかおりのふたりで撮影することができました。CGの制作はいまや『BanG Dream!』など多くのアニメを手がけるサンジゲンさん。

当時僕らは、将来、声優がモーションキャプチャをすることが普通になる時代が来る、いや、そうしなければ! という強い信念を持って臨んでいたので、これは絶好のチャンスでした(あの頃は誰も理解してくれませんでしたが、いまやすっかりそういう時代になりました)。

そういったことに協力できたこともあり、ゆいかおりのメジャーデビューは、自分のなかで最初の集大成のような感覚がありました。

アイドル声優のモデル

そうしてアニメやゲームの仕事もやるようになり、小倉唯、石原夏織はキャリアを順調に進めていきましたが、ただ、この時点ではCDの売上の数字はまだまだの状態でした。

小倉唯本人としてもまだ自分のやっていることに自信が持てなかった頃で、マネージャーはメンタルの管理にも気を配っていましたね（何しろまだ中学生でしたし）。

大きな変化が生まれたのは、「声優として音楽活動をすると、こんな世界があるよ」と体感してもらうために、水樹奈々《みずきなな》さんや田村《たむら》ゆかりさんのコンサートに連れていったときです。そこには、小倉がデビュー前に憧れていたハロー！プロジェクトとはまた違う世界がありました。「こっちを目指すのも、いいよね？」……そんなふうに可能性を見せたことで、自分のやろうとしていることに、自信が持ててきたのだと思います。

苦戦したゆいかおりと小倉唯のソロデビュー

無事デビューしたゆいかおりでしたが、芸能事務所が仕掛けるアイドル声優に対しての風当たりは強く……いや、まるで興味持ってもらえていなかったと言う方が正しいかもしれないくらい順風満帆《まんぱん》ではありませんでした。

レコード会社からは声優アーティストは声優として人気が出なければ売れない、声優として売るのは事務所の仕事と言われていましたので、事務所としてはなんとしても、小倉唯と石原夏織を声優として売らねばと営業しまくりました。そしてまずは小倉唯に白羽の矢が立ちました。そのときにお世話になったのが、ワーナーブラザーズジャパン（以下「ワーナー」と略）のプロデューサー・川瀬《かわせ》浩平《こうへい》さん（現在は独立して、カスケードワークス合同会社代表）でした。テレビアニメ『ロウきゅーぶ！』と『神様のメモ帳』（ともに二〇一一年七月〜OA）という、ふたつの作品に小倉唯は出演。『神様のメモ帳』にはランティス（現バンダイナムコミュージックライブ）が音楽制作で参加しており、「一緒に声優ユニットをやりましょう」という話になったことから、能登有沙、小倉唯、石原夏織、松永真穂《まつながまほ》という四人によるユニット「StylipS《スタイリップス》」が生まれます。

そうした流れのなかで、僕たちと小倉の前にありがたくも高いハードルが訪れました。小倉のソロデビューです。そしてランティスとワーナーが製作委員会に名を連ねるテレビアニメ『カンピオーネ！〜まつろわぬ神々と神殺しの魔王〜』のEDで、二〇一二年七月に小倉唯がアーティストデビューすることになりました。

かくしてアニメ業界各社の応援をもって、小倉唯はハードルを越え、ソロデビューを飾ることができたのです。重要なこととして、小倉唯がブレイクしたのはアニメ『ロウきゅーぶ！』におけるユニット「RO-KYU-BU!」の活動が大きいです。花《はな》澤《ざわ》香《か》菜《な》さん、井《い》口《ぐち》裕《ゆ》香《か》さん、日《ひ》笠《かさ》陽《よう》子《こ》さん、日《ひ》高《だか》里《り》菜《な》さんという主役級の方々のなかで小倉唯だけがド新人でしたが、ダンスの振付を考えたり教えたりなどがんばりました。また、『ロウきゅーぶ！』のプロデューサーが川瀬さんだったことも大きく、実はこの章の冒頭でお話しした桃井はるこが声優としてデビューするきっかけとなったテレビアニメ『The Soul Taker ～魂狩～』（二〇〇一年）のプロデューサーも川瀬さんで、僕にとって『ロウきゅーぶ！』は十年越しの再会だったのです。また、これは後で知ったのですが、僕が芸能界で芸能事務所から初めて全面的に任されたタレント（一九九二年頃）が実は現在声優として活躍している水《み》野《ずの》愛《まな》日《び》で、そのほぼ同時期に面倒を見ていた秋山久美も僕の手を離れた後に声優として活動することになり（しかもふたりとも歌って踊る声優）、そんな彼女たちを当時パイオニアＬＤＣにいた川瀬さんが担当していたのです（なんという運命！）。しかも僕がその前に『月刊ホビージャパン』にてモデラーとして活躍していたとき、実は川瀬さんもモデラーとして参加していたということも後で知り、驚きました。このあたりの話は川瀬さんのYouTube番組「のら犬さんのアニメギョーカイ時事放談」チャンネル(https://www.youtube.com/@jijinorainu)にて、二〇二三年夏話題となった「RO-KYU-BU!」のアニメロサマーライブでの復活劇の裏側とともに語っているので、ぜひどうぞ。

アニメ製作委員会の意義

こちらも余談になりますが、昨今、製作委員会というアニメビジネスの仕組みが、批判されることが多いです。ただ、芸能界のビジネスの仕組みを見てきた身からすると、製作委員会も含め、アニメ業界の横の繋がり「仲間意識」の精神というか、協力し合って何かひとつの作品なり、才能なりを売ろうとする文化は素晴らしいと感じていました。この仲間意識ゆえに「村社会」と言われることもありますが、よいところもあるんですよ。

要は仕組みが問題なのではなく、どのように協調していくかです。

小倉唯のソロデビューを巡る動きでは、僕のなかではそうした、協力体制という意味でも達成感を味わえました。ランティスさんによるStylipSは様々な作品の主題歌を歌わせていただくことで、その作品に参加している製作委員会のみなさまに応援していただくことができました。

業界のみんなで、小倉唯を始めスタイルキューブにいる新しい才能を、未来を変えてくれる存在として押し上げようとしてくださったのです。

マネジメントの考え方としてはいいことばかりを書きましたが、僕は芸能界では本当に嫌な思いをたくさん経験しています。みんなが争って、他人の足を引っ張る。ときおり連帯することがあっても、基本、芸能界の人たちは互いにライバルという意識が強いのです。アニメ業界みたいにみんなが協力し合うことは、ほとんどありません。

『ロウきゅーぶ！』のときなんて、一緒にユニット活動をしていた花澤香菜さんやマネージャーである松岡超《まつおかわたる》さんが、小倉唯のことをとても応援してくださいました。同じ作品に参加しているとはいえ、ほかの声優事務所の人が、一緒にプロジェクトを盛り上げるために力を貸してくれる。これがどれだけうれしかったか……言葉にできないものでした。

芸能界のメソッドを声優界へ活かす

芸能界での経験を踏まえて、アニメ業界・声優業界に足りないものをどうにかできないかと考えてきた僕が、オーディションを経て小倉唯と出会いました。そして小倉は、ユニットやソロ活動、声優業でブレイクしていく。そうやってひとりの才能を世に送り出す過程で、芸能界とアニメ声優業界のそれぞれいいところを重ね合わせるような仕事を達成することができた……とひとまずは総括できるでしょうか。

このモデルケースを踏まえ、さらなる改善もしながら、いま、スタイルキューブという事務所は、どのような形で声優をマネジメントしているのか。次章ではそんな話をしていきましょう。

第3章

声優／声優事務所のお仕事案内

この章では、あらためて「声優と声優事務所はどんな仕事をしているのか?」、とくに声優事務所の仕事を解説していきます。

みなさんのよく知る声優の多くは、事務所に所属して活動しています。その事実は周知のことだと思いますが、事務所がどんな業務を行っているのかは、おそらくほとんど知られていないのではないでしょうか。実はこれは声優志望者どころか、声優として既に活動を始めている人ですらも、漠然《ばくぜん》としか把握していないことがあるのです。

そのことが、不幸なすれ違いを生んでいることもしばしばです。所属している事務所に対して不満を感じて移籍をしてみたら、移籍した先の事務所も結局のところ、業務内容はほぼ同じ。やはり自分が思っていたような働き方ができる環境ではなかった……そんな相談を、受けることがあります。現状の声優事務所の仕事に対して、不満を感じてしまう気持ちも理解できます。しかし「マネジメント」に対する認識の行き違いがいちばんの理由で、第1章でご説明したように、昔と比べて変化した声優の働き方に、事務所が対応できていないとはいえ、決して事務所が悪いわけではないのです。

ということでまずは……そもそも「いま声優の仕事とはどういうものなのか？」ということから、説明していきましょう。

二〇二三年の声優＝タレント

現在（執筆時は二〇二三年）の声優の仕事とは、どんなものか。一口に「声優」といっても、その働き方には個人差があり、様々な形があります。

おそらくこの本を手に取ってくださっている方が興味を持っているようなタイプの「声優」とは、「アイドルマスター」シリーズや「ラブライブ！」シリーズ、『ウマ娘プリティーダービー』といったタイトルに出演しているような「声優」ではないでしょうか。すなわち、タレントとしての側面を持つ「声優」……いわゆる「アイドル声優」と呼ばれるような方々ですね。

そうした方のなかでも、またさらに働き方には違いがあるものですし、声優事務所各社でも違いがあるとは思いますが、スタイルキューブの場合は大体、次のような仕事をしています。

基本はやはり、アニメやゲームなど作品への出演です。オーディションを経て作品が決まり、レギュラーで出演している作品は、毎週決められた日程でスタジオにて収録します。最近ではコロナ禍《か》の影響もあってスケジュールが変則的なこともありましたが、大体、アニメの収録には「午前」「午後」の枠があり、多いときは一日で二つの作品のアフレコ現場に行きます。

そして、アニメに出演していると、それに付随したラジオ番組への出演や、YouTube・ニコニコ生放送などでの配信番組への出演といった、作品のプロモーション稼働が発生します。

キャラクターソングを出すタイプの作品であれば、そのレコーディングがあり、紐づいたイベントもあります。アニメによっては作品のOP・EDの楽曲をキャラクターとして歌うこともあるし、アーティスト活動をしている声優なら、タイアップとして自身の楽曲が主題歌になることもあります。ときには、作品に声優としてレギュラーで出演してはいないけれど、主題歌だけ担当するケースなどもあります。その場合はキャラクターではなく、声優個人名義でCDをリリースするようなアーティスト活動になり、これも付随したイベントや番組出演などもあります。細かい仕事を入れると一日に四現場、五現場になることもあります。

まとめると、作品への出演と、それに付随したプロモーションのためのエクストラの活動と個人名義の活動。これがいまの声優の業務内容です。作品のプロモーションのための仕事は昔から存在していましたが、そのなかに占めるタレント的な活動の割合が多く、多岐にわたっているのが、現代の声優業の特徴だと言えるでしょう。

アイドル声優化のポイントは？

こうした仕事のスタイルが声優業界に普及した転機はどこか。正確なことはわかりませんが、肌感覚では二〇〇〇年代に入ってラノベブーム全盛になった前後からではないかと思います。グループアイドルものアニメの本数が、爆発的に増加し始めた頃です。

「アイドルマスター」シリーズなどの人気タイトルを始め、二〇一〇年にスタートした「ラブライブ！」シリーズなどの後発タイトルが続き、相乗効果でそういったジャンルの人気がどんどん上がったのが、その時期だったのではないでしょうか。

ただ、ここでひとつ補足しておきたいことがあります。この頃に変化があったことはたしかですが、しばしば「昔の声優は裏方仕事だったのに、最近は変わってしまった」とおっしゃる方がいます。これは間違いです。

声優の名前がファンに認知されたり、作品の宣伝のために人前に露出すること自体は、第一次アニメブーム（一九七〇年代後半〜一九八〇年代前半）の頃から行われていたことです。いまのブームもこの延長線上にあります。アニメおたくとしての僕個人の主観的視点からにはなりますが、ここで手短に声優の歴史を振り返ってみましょう。

声優像を振り返る

ラジオやテレビが誕生してから、ラジオドラマや吹き替えによって「声優」という職業が生まれた頃から、声を演じる役者に注目は集まっていました。僕が声優の存在を初めて意識したのは、特撮人形劇の『サンダーバード』でした。子どもの頃（一九七〇年代）にテレビで見ていたら、母親が「ペネロープ（『サンダーバード』の登場人物）の声は黒柳徹子《くろやなぎてつこ》さんなんだよ」と教えてくれたんです。黒柳徹子さんは子ども番組でも数多くのキャラクターの声優をされています。それ以降も、テレビで吹き替えの洋画を見るたびに、誰が出ていて、その人はほかにどんな役者を吹き替えているのか、なんて話をしていました。

それくらいの認識は、当時からされていたのです。

そのあとも、一九七〇年代後半の『宇宙戦艦ヤマト』のブームの頃には、古代進《こだいすすむ》役の富山敬《とみやまけい》さんを始め、声優のみなさんが表舞台に出ていましたし、一九八〇年代の『機動戦士ガンダム』のときにはもう、声優が人前に立つのは自然なこととして社会に受け止められていました。

アイドル的な活動としても、スラップスティック（野島昭生《のじまあきお》、古川登志夫《ふるかわとしお》、古谷徹《ふるやとおる》、三ツ矢雄二《みつやゆうじ》〈敬称略〉らが結成していたバンド）がありました。一九七〇年代の時点で、既にそうした現在のタレント化した声優に繋がる活動があったのです。

一九八〇年代は、子役からアイドル歌手へとキャリアを進めていた日高《ひだか》のり子《こ》さんが『タッチ』の浅倉南《あさくらみなみ》役など声優として華々しく活躍することもありましたが、はっきりといまのように「アイドル」的に女性声優が人気を集めているなと、初めて僕が意識した声優は、冨永《とみなが》みーなさんでした。一九八〇年代の時点で『魔法の妖精ペルシャ』のキャラクターソングやいまでいう「萌えソング」のような曲を続々とリリースし、僕が高校時代に友人に誘われて初めて参加した握手会は冨永みーなさんでした。同時期には『超時空要塞マクロス』のリン・ミンメイを演じた、飯島《いいじま》真理《まり》さんの存在もありました。

歌手、そしてアイドルへ

その後一九九〇年代になって、林原《はやしばら》めぐみさんや椎名《しいな》へきるさんらが爆発的に人気を博しました。

林原さんや同時代のみなさんの活動で、「歌手活動もする女性声優」という確固たる基盤ができたのは事実ですが、声優のアイドル的な活動を決定づけたのは、その後に出てきた堀江《ほりえ》由衣《ゆい》さんや田村ゆかりさんの世代ではないかと思います。

堀江さん、田村さんはふたりともアイドルが好きで、「やまとなでしこ」としてアイドルユニット的なコンビで活動もしましたし、堀江さんはAice5《アイス》（堀江由衣、神田《かんだ》朱未《あけみ》、たかはし智秋《ちあき》、浅野真澄、木村《きむら》まどか〈敬称略〉による声優アイドルユニット）としての活動もありました。

そのAice5もですが、グループアイドル企画も『アイドルマスター』以前になかったわけではありません。やや細かいものにはなりますが、OVA『アイドル防衛隊ハミングバード』から始まったハミングバード（玉川紗己子《たまがわさきこ》〈現：砂記子〉、天野由梨《あまのゆり》、三石琴乃《みついしことの》、草地章江《くさちふみえ》、椎名へきる〈敬称略〉のユニット）とか、DROPS《ドロップ》（当時青二プロダクション所属の國府田《こうだ》マリ子《こ》、金田朋子《かねだともこ》、神田朱未《かんだあけみ》、野中藍《のなかあい》、白石涼子《しらいしりょうこ》〈敬称略〉のユニット）など、ほかにもいくつかの先行例があります。

近年は男性アイドルものの企画が増えています。これは女性アイドルものからの流れで出てきたように言う人もいますが、『アンジェリーク』などのネオロマンス作品のイベントでの男性声優のアイドル的な人気はもとからありました。アニメではありませんが、乙女ゲームの方面で男性声優のアイドル化の下地は作られていました。

こうして挙げたのは、あくまでほんの一例です。ほかにも様々な形で、声優の歴史の黎明期から、タレント的な活動は存在していました。「昔の声優は裏方仕事だったのに、最近は変わってしまった」ということに対する僕の違和感をわかっていただけたでしょうか。もちろんそれぞれの人によってアイドル声優史観はあると思いますので異論は認めます。あくまで僕のなかのアイドル声優史観ということであり、こうした人生における体験がいまの仕事に繋がっているというお話でした。

アイドル声優の業務

そういったわけで、「アイドル声優」……タレント的な業務の増えた声優といっても、実のところは大きな仕事の部分は、昔から大きく変わっていません。

基本はオーディションをとにかくどんどん受けて、小さな役から経験を積み重ねて、そしてゆくゆくは大きな役を手に入れることになります。

近年で増えた業務の内容でいうと、楽器の練習とSNS運用とネット配信があるでしょうか。

スタイルキューブでは楽器を無理にやらせることはありませんが、業界的には事務所が主導したり、もしくは個人の意志で、戦略的にひとつくらい楽器をこなせるようにするケースは増えていると感じます。楽器を使った作品も多くなりましたし、そうすることで、請けられる仕事の幅を広げられる。そういったところを意識することも、業務の一環になっている印象はあります。音楽に関係したことだと、ダンスが得意な方もかなり増えました。

自主性が肝心

ダンスレッスンなどについて、スタイルキューブでは、レッスンを受けるかどうかは「可能性がある人かどうか」によります。可能性があると見出した子には、ある程度こちらからやらせることもあります。ですが、基本は本人次第です。強制的ではない。本人の自主性に任せます。それが、人を育てるうえではいちばん大事だと考えています。

この仕事をずっとやってきてわかったのは、「自主性を伸ばしてあげれば、こちらからとやかくいわなくても上達する」ということです。声優の基本とされる滑舌《かつぜつ》ひとつとっても、先に基礎訓練を始めるよりも、まずは台本を読んでみた方がいい。読んでみて、表現したいことが見つかったのに、「そのための技術が足りない！」ということを実感してから、「ではそのためにやるべきことは？」という形で、基礎を教えたほうがいいんです。そのほうが実感をもって身につきますし、そうしないと、本人が持っていた個性が潰れてしまうケースもあります。

興味を持つことからスタート

やや余談になりますが、「技術的なことは後からでいい」という考え方をしたとき、「声優になりたい人は、事務所に所属する前にどんな努力ができるのか?」という疑問が湧く方もいると思います。

世間的には「劇団に入って芝居の基礎をやっておいたほうがいい」とか、「何か習いごとをやっておくといい」とか言われています。でも僕はそれよりもまず大事なのは、技術を身につける動機に繋がる、「興味を持つこと」であると考えています。

では声優の技術的な面で、早いうちから努力できることはないのか?

僕は、その意味で「きちんとした日本語を話すことができるようにすること」が大事だと思います。これは本当に大事です。これはもう、最終的に声優になるかどうかを別としても、身につけておいて損はない技術です。

そのために具体的にやるべきなのは、本を読むこと。そしてＮＨＫのラジオを聴くことです。声優としては、ＮＨＫのアナウンサーの日本語を、内容をそこまで気にしなくていいから、とにかく身近で流しておく。そうやって、できれば子どもの頃から、正しい日本語の発音やアクセントなどを耳になじませることは、とても大事です。ＮＨＫのアクセント辞典が基本なので、とにかくＮＨＫなんです。かくいう自分も親のおかげで小さい頃からＮＨＫばかりを見ていたため、アクセントや日本語表現についての意識はかなり強くなりました。

メディア露出の是非

話を本筋に戻しましょう。オーディションなどの様々な活動が実を結んで、声優としての仕事が軌道に乗り始めると、最近ではアニメ誌・声優誌ではない、いわゆる一般誌やテレビなどのメディア露出が増えます。一日警察署長や観光大使など、官公庁の仕事などもそうですね。

もともとの声優としての業務に加えて、アニメ業界外の仕事が増えるのが、近年の声優の働き方の特徴です。

ただ、これもまた誤解がありそうなのですが、人気のために、いろいろなバラエティ番組などに出演する……それが声優としてのキャリアにとって、必要な業務のように感じてしまう人もいるかもしれませんが、そんなことはないんです。事実、スタイルキューブの所属声優は、人気がある人であっても、実は積極的にはテレビに出演していません。テレビがどういうものなのかわかっているからというのもありますが、そもそも声優に限らず、テレビ番組に出たから良いというのはわりと幻想です。失敗すると、本人にとってすごいマイナスになってしまうリスクがあります。テレビというものは「わかって出演しないと意味が無い」と、もともとテレビ側にいた僕は考えます。

ただ声優としての人気が高まると、いまの時代、自ずとそうしたオファーは増えます。そうした状況があるということは、いま声優に関わる人たちは認識しておいてください。そこで足元を掬《すく》われないようにするためにも。

仕事と休息のバランス

この章でここまで書いてきたことからもお察しいただけているかもしれませんが、いまの声優は、僕が声優業界で仕事を始めた約二十年前の頃と比べて、全体的にかなり忙しくなっています。ある程度人気が出てきたら、セーブしながら、ゆっくりと自分のペースで仕事をしていくことを念頭に置かないと、流されて大変なことになります。

人気声優になると仕事を選び、自分の道をきちんと見据《みす》えて選んだとしても、最低でも月曜から金曜までのスケジュールは全部、何かしら仕事で埋まります。それも、途切れなく。土日、もしくは別の日であっても、週に二日は休ませるのが理想ですが、なかなかそうはいきません。気がつけば、来年のスケジュールまで埋まるような状態です。

そんな状況で、自然とスケジュールが空いて休みになるようなことはないので、マネジメントする側の人間が計画的に、「この期間は絶対に休みを取らせる！」とあらかじめ予定を組んで、休ませる必要があります。そうしないと、タレントが倒れてしまう。

ただ、難しいのが、スケジュールを詰め込んでほしい子もいるし、仕事をセーブすると予定がなくて不安になってしまう子もいるのです。それはもう人によりますし、同じ人であってもこれらがどちらも起きたりします。「仕事入れてほしいのか休みたいのか、どっちやねん！」ってなりますが、答えは「どっちも」なんです。タレントマネジメントって難しいですね。

だからこそコミュニケーションが大切で、声優本人と相談しながら、仕事と休息の最適なバランスを探り、メンタルケアもしていくのが、今後ますます声優事務所の大きな仕事のひとつになっていくでしょう。

スケジュール管理は難問

また一口に「休みを取る」「仕事の量をセーブする」といっても、これがまた悩ましい。単純に出演するアニメやゲームの本数を減らせば、それで済む時代ではないからです。

たとえば、あるゲームの関連イベントには出演するけれども、近い時期にある別の作品のイベントには出演しません、みたいな状況を、簡単には作れませんよね？一方的にこちらでそうした状況を作ってしまえば、どうしても角が立ちます。取引先にもですし、ファンにとっても、作品間で優劣がついているように見えたら、いい気はしないでしょう。

そうした状況を招かないために、関係各所と丁寧に調整をしなければいけない。スケジュール調整は、昔よりもはるかにセンシティブに、デリケートになっています。

声優にあわせた組織編成とは？

このように現在の声優事務所は、声優本人とも、関係各所とも、細やかにコミュニケーションを取り、バランスをとることが求められています。しかし、それだけの十分な体制を事務所で整えるのは結構大変です。

これまで声優事務所の仕事の大部分を占めていたのは、オーディションの情報を集め、声優に取り次ぎ、テープオーディション（オーディション用台本を読んで音声収録し、音響制作会社に渡ったその音声によりオーディションをすること。テープオーディションの場合、通過するとスタジオでのオーディションとなることが多い。「テープ」というのはカセットテープに録っていた名残《なごり》で、いまは音声データを送ります）があれば、そのための素材を収録することでした。その状態に加えて、新たな環境に適応した体制を整えなければなりません。

このように常に変化して行く業界の状況に対応するために、常に適した組織編成を、模索しています。声優がタレント化し、業界が変わっていく過渡期なため、流動的な対応が必要となります。

スタイルキューブの新体制

二〇二三年の四月に、スタイルキューブは社内の体制を変更しました。それは「新時代の声優マネジメントに合わせた業務体制にしよう！」というコンセプトに基づく再編です。

なかでも特徴的なのはA&Rがいることです。A&RとはArtists and Repertoire

の略で、タレントのアーティスト活動の戦略その他全般を担うとても重要な役職です。一般的にはレコード会社や音楽出版社にいるのですが、スタイルキューブではこのA&Rを社内におき、声優のアーティスト活動を統括するセクションがあります。声優事務所としては珍しいかもしれません。このA&R業務はゆいかおりの時代からも行っていたことなのですが、セクションを分けることにより明確化しました。

そして従来型の声優マネジメントの部署も強化。とはいえ、こうした体制を作るには会社の体力が必要不可欠です。そういった経営的な面もがんばらないと、いまのタレント化した声優を適切にマネジメントする体制を維持するのはとても大変なことなんです。

声優をコンテンツとして展開する

Ａ＆Ｒの役割は、包括的な戦略を立てることです。たとえば、YouTube などでの配信であるとか、コンサートの企画、各種グッズ展開などまで、Ａ＆Ｒが判断します。こうした体制を整えるのは、声優がタレント化するうえで「作品に依存しない状態でも成立するタレント」として声優を昇華させるためでもあります。

声優業とは、基本的に請け仕事です。オーディションに受からないと仕事をすることができません。それはどれだけ人気声優であっても同じで、その不安は常について回るものです。でも、自分たちから表現・発信できる部分があれば安心できます。

つまり今回の社内体制の変化は、アイドル声優／タレントを、一種のコンテンツ化していくための戦略部署を作ったということでもあります。

発想としては、芸能事務所と基本的に同じ考え方です。タレント化した声優は、そこまでちゃんと、責任を持って面倒を見る必要があると考えます。

さらなる未来へ向けて

声優事務所がそうした体制を整える必要があるのは、声優のギャランティーの上昇が簡単には見込めないことにも起因しています。これは第1章で述べた通り、アニメ業界の構造的に簡単にはどうにもならない問題です。

声優はタレント化し、ある程度の売上を立てないと生きていけないし、事務所もタレントを支える体制を維持できない。そのために、声優事務所も変わらなければいけない。スタイルキューブは、創業以来そうした認識の会社として活動しています。

そのような視点から、この章では「声優」「声優事務所」のあり方を解説してみました。次の章では、実際に声優業界を目指す人に向けた、心構えを説明したいと思います。

第4章

声優志望者向け新人研修！

この章の内容は、スタイルキューブに所属することになった声優やスタッフの新人研修として僕が話すことがもとになっています。芸能界に携わるようになって約三十七年の経験をベースに僕なりに考えてきた、いまの声優業界でやっていくための知恵をまとめていきます。声優業界だけでなく一般社会でも役に立つことも多々あります。

なかには当たり前の話もありますが、「当たり前のこと」が「当たり前」ではない世界に、僕らは生きているんです。そう思って読んでみてください。

もしかしたら「どうしてこんなことができないの?」と感じる人もいるかもしれません。でも、いざ自分がそうした立場に置かれると、不思議なことに、できないんです。そして、この「当たり前のこと」は、実は普遍の真理であり、人が社会のなかで生きていくことの本質だと僕は考えています。スタイルキューブは「生き方を学ぶ場所・環境」という言い方もしています。それはつまり「自分で答えを見つけられるようにする訓練」とも言えるのです。

そのためには何ごとにおいても、本質をつかんでおくことが大事です。そういったことからちょっと哲学的だったり、思考訓練的だったり、メンタルコントロール的な話になってきますので、そういったことを念頭に置いて読んでいただけるとうれしいです。根性論とか精神論的ながんばればなんとかなるような話ではなく、むしろ真逆で「考えない」「カロリーを使わない」ことを目指すくらいの発想の転換が必要です。極端な話、「サボろうぜ」くらいの気持ちが大切。これはホントにサボるわけではなく、「余裕を持つ」と同義だと思ってください。疲れちゃったら続きませんからね。続けられなかったらそこで試合終了、リタイアです。

「正解」にする生き方

まず、こんな質問から始めてみましょうか。

「芸能界で生きていくうえで、もっとも大事なことはなんだと思いますか?」

僕は研修の場に限らず、いろいろなところでこの質問をしています。人によって、いろいろな答えが返ってきます。たとえば「義理人情」。たしかに大切です。「成功すること」と答えた人もいました。これも大切ですね。

でも、どちらも「点」でしかないです。言い換えれば、それらは芸能界で生きていくために必要な要素のひとつでしかない。要素ではなく、もっと俯瞰《ふかん》して見た本質について考えてほしい。

本質的に「大事なこと」とは何か。実はさっき書いたばかりなんです。答え、行きますよ。

それは「続けること」です。続けることがいちばん大事。続けることを念頭に置けば、いつかうまくいくはず。逆に続けなければ成功もない。何よりまず、それを思考のベースにしなければいけない。これが、すべてにおいての大前提です。「なぁんだそんなことか」と思うかもしれません。でもこれができないんですよ。

「続けること」とは、つまり「生き残ること」の連続です。いまの声優業界では年々生き残ることが厳しくなっています。そのいちばんの理由は声優の数がどんどん増えているからで、声優業界はすっかり飽食《ほうしょく》の時代なんです。いまや声優の数が多すぎるくらい増えました。

これから声優になる人たちは、自分たちが競争が激しい時代に新人になったことを、一度、心に強く留めておいてほしいです。そのうえで、そんな時代をどう生き抜くかを考えてほしい。演技や歌がうまければ良い、可愛ければ良いという時代ではもはやありません。うまい子も可愛い子もたくさんいる時代なんです。たくさんいるということはどういうことかわかりますか。たくさんいるということは「価値があると思ってもらえない」ということなんです。

誰も自分が生まれる時代を選ぶことはできません。ですから、嘆いても仕方がない。声優業界で生きると決めたからには、いかにして生き抜くかを徹底して考える。それがとても大事です。

僕はよく、「正解な人生を送ってください」と言います。たとえばAという道とB

という道があって、Bを選んだとしたら、それを必ず正解にするという考え方です。Aにすればよかったと絶対に悔やんではいけない。この世に失敗など存在せず、たとえBを選んだことで苦難があってもそれを乗り越えることが人生において正解となり、その経験が自分をさらに成長させるのです。人生は一方通行で後戻りはできません。

自分の人生で「正解」を追い求める姿勢を忘れずにいてほしいと思います。正解にする生き方をぜひしてください。

芸能界は芸能「海《かい》」である

僕は芸能界を「海」にたとえます。

海で生きるには、自分がいる海がどんなものかを知らなければなりません。そのためにはまず「海」とは何か、その現実を受け入れる必要があります。そのうえで泳ぐのか、潜《もぐ》るのか、それとも船に乗るのかを選ぶ。そして海は波によって水面の状態が常に変わります。海で生きるためには、常に潮目を読まなければいけない。昨日と今日ではもうまったく状況が違う、ヘタすると数秒後には違うこともあるのです。もっとわかりやすい例ですが、バスケットボールの試合をイメージしてみてください。試合中に五秒考えたらボールはどこにありますか？　敵味方の配置だって五秒前とはまったく違いますから判断も変わりますよね。それと同じで、状況は常に変化しているんです。芸能が水商売と言われる所以《ゆえん》ですね。

だから「昨日はこう言ったじゃないですか」と、海で生きる人は言わない。少し前までの判断が、いまの判断とは違う可能性がある。だから常にいまの最適解を見つけなければならないし、時間とともに変化した現実を瞬時に受け入れなければならない。そのことをよく認識してください。

では、芸能「海」にもいろいろあるなかで、声優業「海」は、どんな海なのでしょうか。

一般的な芸能界とは違って、あまり外には情報が出ていない業界ですから、わからないことも多いでしょう。そんな状況がありますから、むしろ下手な知識はない方がいい。ここから先の内容を読むときには、一度、これまでいろいろな形で見聞きして、頭のなかに作ってきた業界に対する固定観念を捨ててみてください。

声優業「海《かい》」はどんな海？

一般的な芸能界と声優業界のとても大きな違いとして、第1章で声優業界は《実質》エージェント契約と書きました。これは要するに声優は個人主義であるということです。「個人事業主主義」と呼んでもいいかもしれません。事務所単位で仕事の発生している芸能界に対して、声優は事務所に所属していても、社会的な立場としては個人事業主です。あくまで個人が勝ち得た仕事を、事務所が管理を担っているだけ。ちなみにこれは多くの YouTuber も同じです。

だから仕事に対する考え方も、個人主義である必要がある。

これにはメリット、デメリットがありますが、ここでは個人事業主であることのデメリットをお話ししましょう。なぜなら、それが声優としてどのようにビジネスを成立させていくかを考えるうえでのポイントになるからです。

個人主義のバランス

「個人の意思でやっている」というのは「事務所の意思でやらされてる」よりも人の心を打つものですよね。その核心には、個人事業主には「自主性がある」ということがあります。集団や企業の考えではなく、個人の意思で動いているように見せることは大切なアピールポイントです。

でもここには大きな落とし穴があります。自主性に走りすぎると、いつしかその行動は利己的になりがちなのです。

たとえ個人の意思で活動をしていても、その背後には必ず多くの人の支えがあるわけです。アフレコという共同作業のあるアニメ声優業界はとくにそうです。決してひとりではやっていけないのに、エスカレートすると、自分のおかげと勘違いしてしまう。

勘違いした状態でも、うまく行く人はいいです。でも、実際はそうやって利己的な行動をとることによって、結果的には損をする人が多い。本来は味方であるはずの人たちを敵だと思いこんでしまったり、周囲に迷惑をかけたり、無駄に敵を増やしてしまうこともあり、本人が知らない間に仕事がどんどん減って、使われなくなる人もいます。

個人事業主だとしても常に「みんなのおかげと思うこと」。この点に気をつけるだけで、芸能界という海で生き残れるかどうかが、まず大きく変わります。

何ごとも義理と人情で回っていた時代は、多少利己的に動いていても、どこかで誰かが助けてくれました。でも、代わりがたくさんいるいまとなっては誰にも助けてもらえない。昔よりもドライな時代になりました。

だから「演出」として、自分が個人主義的であるように振る舞うのはいい。むしろ、個人主義のように自分をプロデュースしなければいけない局面もあります。けれども実態としては、それではやっていけない。そうした姿勢を、理解してほしいと思います。当たり前のことを書いてますよね、でもね、売れると忘れちゃう人が多いんですよ。

「役者」から「俳優」へ

昔の声優は、本当に個人主義者でもなんとかなりました。声優業が広義の派遣業だったことが大きいと思います。派遣された先の現場で、求められた仕事を適切にできていれば、最低限、仕事をしていることになる。

ですが、声優がタレント化したことで、状況は大きく変わってしまったわけです。

この事態を僕は「声優は『役者』から『俳優』になった」とキャッチフレーズ化しています。

ここでの「役者」と「俳優」という言葉は、辞書に載っているような言葉として厳密に定義しているわけではありません。ここで理解してほしいのは、とにかく「違う仕事になったんだ」ということです。声優は「役者」であり、タレント化した声優は「俳優」であるというようなニュアンスです。そういう風に言葉を分けてしまった方が、本人としてもマネジメントする側としても、意識が切り替えられていいように感じています。

何度も繰り返しになりますが、声優業界は芸能界のマネジメントシステムが必要な時代に突入してしまったわけで、このことを様々な側面から、本書の読者には理解してほしい。「『役者』から『俳優』へ」は、その理解を助けるための、言葉の提案のひとつです。

企画の中心になれる「俳優」へ

ここで僕がイメージしている「俳優」像を、もう少し説明しておきましょう。

芸能界では、たとえば映画を作るとき、特定の人が主演をすることを前提に企画が立つことがよくあります。たとえば「○○さんが主演で映画を作りたい」みたいな話ですね。

大手の芸能事務所は、自社で音楽や映画、番組の制作会社を持っているケースも多い。なぜそうしたビジネスが成り立つかといえば、自分たちの事務所に所属している俳優の集客力を前提に、もしくは俳優を売るために、コンテンツを作ることができるからです。逆に映画会社が自社の映画に出演させるために俳優のプロダクションを持つケースも昔からありますよね。

芝居の技術だけではなく、そのような圧倒的な存在価値をも兼ね備えている人が、僕の考える「俳優」です。

アニメ声優業界はまだ、声優を優先したキャスティングで売れるアニメというのはなかなか難しいです。でも、声優業界の現状を思うに、将来的にはそのくらいの存在を目指せたら理想です。あくまで「理想」と書いておきます。役をこなすうまい芝居をする「役者」から、企画の中心になれる「俳優」へ。そうやって変化しないと、声優業界に未来はないと感じています。芸能界の「俳優」やアイドルのなかにも声の芝居もできる人が増えていることには、うれしい反面、大きな危機感を抱いています。

プロの自覚

研修では次に、「プロとしての自覚」の話をします。

ここで読者のみなさんに、また質問をしてみましょうか。「プロとは一体なんでしょう?」。「プロとアマチュアの違い」は何でしょうか。

「お金をもらっているかどうか」とか「責任感の有無」とかいろんな回答がありま す。でも僕の回答はこうです。

「プロは他人の評価が前提で、アマチュアは自己評価が前提」。

これが理解できるかどうかは、生き残れるかどうかを大きく左右します。「プロになったら評価するのは他人であって、自分じゃない。そのことを思い知ってくださいね」と、新人には繰り返し伝えます。他人が評価して、それがギャラに反映されるのです。これに対してアマチュアは自己評価が前提ですから他人の目を気にすることなく自由です。

そしてプロはいつも100点の仕事をしなければいけない。いや、100点を取るのが当たり前の世界、それどころか、続けていくためには、100点より高い仕事をしなければ別の人に仕事を奪われてしまう。そして、点数を決めるのは自分じゃなく、「自分じゃない誰か」によって採点の基準も変わる。これを間違えている人が、すごく多いんです。

たとえば、アフレコ現場で音響監督がオッケーを出しているのに、「もう一回やらせてください」と何度も言い出す人。人によっては二、三回くらいまでは許されるかもしれません。オッケー出されてるのに、自分が気に入らないからと言って何度も何度もやり直しを要求したらダメです。もちろんそれが受け入れられる現場がないとは言いません。びっくりな例ですが、原作者が書いた台本に対して声優が「このキャラはこういうしゃべり方はしない」などと言ってしまう事例を耳にします。

さらにいえば、音響監督が求める基準は、人や作品によって違います。だから気をつけないといけない。ある現場ではオッケーな芝居でも、別の現場ではダメな場合もある。とにかく、評価基準が他人であって自分ではないのが、プロの世界なんです。

ですから、プロになったら「他人の評価を素直に受け入れる」ということを、徹底しなければなりません。だってそれがプロなんだから。とはいえ、声優からの飽くなきチャレンジというか、思いもよらない演技の提案に期待している現場もあります。

「気づく」から「悟る」へ

「悟る」とは何でしょう。悟るためには「気づく」ことが大切。

この話をするために、研修生には「声優としてどうなりたいか？」という質問を先にします。当たり前ですが、「売れたい」と答える人は多いです。そこまでは想定していて、「じゃあ、売れる子と売れない子の差って、なんだろうね？」と繋げるのまでが、一セットの質問です。

みなさんの答えはどうでしょうか？

僕の答えは「悟ってるか否か」です。

どういうことか、また説明していきましょう。キャッチフレーズ的には『『気づく』から『悟る』へ」と整理しています。そもそもこういう質問が必要な子というのは、ベースとして素晴らしい素質を持っている子ではないことが多いゆえの質問です。天才的な子はイレギュラーな存在なので、ここでは除外して考えます。天才的じゃない子の数の方が圧倒的です。これもまた当然のことですが。まずはその現実に気づいているか否か。

そこからさらに、「本質は何か」と考えることが大事です。これが「悟る」ことです。まずその第一歩として、現実に「気づく」必要があります。

本質を考えるテスト

「本質は何か」というのを考える例として、わかりやすい解説をするためにまず、「人間はふとしたことで本質を見誤ってしまう生き物だ」というお話を紹介しましょう。僕がよくするのは自動販売機の話です。これは一種の思考テストでもあります。

あなたの目の前にジュースの自動販売機があります。ジュースがほしくて自動販売機に必要なお金を入れたが、ボタンを押しても飲み物が出てこない。このとき、とっさにどういう思考になるか。多くの人は「なぜ出てこないんだ?」と考えてしまうでしょう。気づきました? ここでもう本質を見失ってしまっています。問題がすり替わってしまっているんです。

ここでの本来の目的は自販機でジュースを買う、即ちジュースを手に入れることです。ですからそのための答えに近づかなければなりません。となると正しくは「どこに連絡をすれば対応してもらえるのか」です。しかし飲み物が出てこないという事件がもとで「なぜ出てこないのか」という「出てこない理由を求める」思考に切り替わってしまうのです。理由を求めたところでジュースは手に入りません。この時間は無駄だと、理解する必要がある。だってそんなことは考えなくてもわかるはず。理由は壊れているか、在庫切れか、いずれにしてもその理由を求めることに何のメリットもありません。あなたはジュースがほしいだけなんですから。人間は大抵こういったちょっとしたことをきっかけに思考がずれてしまう。即ち物事の本質からはずれてしまうのです。それはほとんどの場合、主観的で感情的なことが原因です。将来的に自動販売機のエンジニアになりたいなら別ですが。あなたはジュースがほしいだけなんですから、理由なんてどうでもいいんです。目的達成のためには販売機に書かれている連絡先に電話するのがいちばん確実な解決方法です。

それにしても、なぜ人は「理由を求める」という無駄なことをしてしまうのでしょう。その行為は自分を感情的に納得させるためだけのものであって、問題を解決するためのものではない。だから本質にたどり着かない無駄な時間になり、さらにメンタル的にも余計な負荷をかけてしまう。

そもそも、飲み物がほしかった、喉が渇いていたわけじゃないですか。「なぜ出てこないのか?」がわかったとしても、結果的には感情論的にもその欲求は満たされないワケです。

「なぜ？」と考えない

そういったことからシンプルに、「本質は何か」を捉える訓練の第一歩として、新人にかける言葉はこれです。

「『なぜ？』と考えないようにしよう」。

つまりは、物事に安易に原因や理由を求めないようにしようということです。

大事なことは、起きている現実を否定せずに受け入れること。先ほどの自動販売機の例では「お金を入れたのにジュースが出てこない」という現実をまず受け入れる。そして、それにどう対処するかを考える。現実を受け入れて、すぐ次のステップ（正しい決断）に行く訓練です。人間が「なぜ？」と考えるのは、現実を受け入れたくないような状況がほとんどです。現実を受け止めなければ本質には至りません。だから「なぜ？」を捨てる。無駄なことに頭を使わない。物事を表面上で判断しない、言葉尻を捉えない訓練を普段からして、癖をつける必要があります。

もちろん「なぜ？」と考えることが必要なこともあります。でもそれは「考えない癖」がついた後の方が効果的です。物事を単純化してみたりして、起きていることを分析しないと、本当の答えにはたどり着かないことが多いのです。まずはとにかく考えない、現実をそのまま受け止める訓練をすると、考えなくても「なぜなのか」わかるようになります。世の中の答えはほとんどが考えなくても導けることが多いということに気づけるようになる……つまり考えなくても答えを導き出せると悟るのです。

台本の本質を読み解く

この話は台本の読解力にも繋がります。それまで下手だった人が、突然うまくなることがある。びっくりするほど、スイッチが入ったみたいに、ガラッと芝居が変わる。これは台本の内容の本質を読み解き、それを表現するためのスキルの本質に

「気づいた」からです。

台本を読み込むときに、「なぜ?」と考えてしまうのは間違いです。SFやファンタジーだとわかりやすいでしょうか。「なぜこの世界には魔法があるのか」とか考え始めたら、台本を読む前に止まってしまう。それはあとでゆっくり考えればいいことで、きっといまは必要のないことです。「ここは魔法が存在する世界」と、まずは素直に受け止めることが大切です。ただし、設定がある場合は事前にきちんと把握しておきましょう。

本質を見抜く訓練を

こうしたことに「気づく」ためには、「本質は何か」を普段から意識しましょう。普段からこの思考法を心がけることが、台本を読み解くスキルに直結します。

あるひとまとまりの文章を見たときに、パッと本質を見抜けるように訓練をすること。さらに重要なのが、「こうだ!」と思い込まないこと。よく台本を読み込みすぎて、現場で芝居の修正の指示を受けても、とっさに直せない人がいます。声優はそれではダメなんです。スイッチを切り替えるように、指示に応じて演技を変えられなくてはいけない。そうした瞬発力を問われるのが、アフレコ現場というものです。台本を読む力とともに、指示の本質を的確に把握して応じる力……そうしたものを身につけるための訓練としても、「本質は何か」と、普段から意識する必要があるわけです。

エンタメの本質とは?

さて、そうやって「本質は何か」と意識することの重要性を理解してもらったあとで、次に「エンタメの本質とは、なんだと思う?」と、問いを進めます。

これにはいろいろな答えがあっていいですが、僕の答えは単純に言うと、「他人の感情をゆさぶること」です。

喜びだけじゃない、怒りや悲しみといった感情もすべて含めて、他人の感情をゆさぶって、それに対して対価をいただくのがエンタメの本質だと僕は考えています。そしてそれは、ショービジネスの本質であると同時に、演技の本質でもある。だからこそ、声優の場合はなおのこと、「エンタメとは他人の感情をコントロールするビジネスである」と考えた方がいい。ちょっと嫌な言葉に感じるかもしれませんが、本質とは得てしてそういうサイコパス的なものでもあると思います。

そしてさらに、「幸せの本質とはなんだと思いますか？」とも聞きます。誰だって「幸せになりたい」とは考えている。でも、いざ、「幸せ」の本質を考えたことは、あまりないでしょう。

これも答えはたくさんあります。僕がほぼ万人にあてはまる回答だと考えているのは、「達成感」です。人間は簡単に手に入るものや常にそのへんに存在しているものには価値を感じないものです。貴重なものを苦労して手に入れたときの達成感や充足感が「幸せ」の本質ではないでしょうか。これはお金持ちであっても、そうでなくても当てはまるのではないかと思います。

テレビアニメ『愛少女ポリアンナ物語』の「よかった探し」のように日常的に「よかった」を見つけて達成感を味わっていられると、きっと人は誰もが幸せなんです。

達成感の大切さ

声優の仕事だけで達成感を求めると、苦しいときもあるでしょう。そんなときは何か別のことで達成されるものをちゃんと持っておくと、追い詰められずに済む。「よかった探し」はそんなふうに心を守るための工夫でもあります。

しかしそれだけではなく、たとえば「お金があれば幸せになれる」と思っていても、人はなかなか幸せにはなれない。「人気があれば」「売れれば」も同じです。売れた人にしか実感はわかないものですが、売れたからといって必ずしも幸せになれてるわけではない。

そういうことを常日頃から意識していると、「何かがない」ことで病む前に、自分の幸せをちゃんと見つめ直すことができます。

「本質は何か」を問う癖をつけてほしいと思うのは、ただ売れるためだけではない。売れるために必要なことでもありますが、それ以上に、「幸せとは何なのか」に対する自分なりの答えを、ある程度持っておいてほしいからなのです。声優は声優である前に人であり、ほとんどの人はなんらかの幸せを求めて生きているはずですからね。

僕の答えである「達成感」は、あくまで点です。連続したものじゃない。幸せは連続していない。点でしかない。それを持続させるためには、何をするべきなのか。この章の始まりに、「芸能界で生きていくうえで、もっとも大切にしなければならないこと」は「続けること」だと言いましたが、それは点でしか味わえない達成感を持続しないと、幸せが維持できないということでもあるのです。

価値の本質

そしてもうひとつ、「価値の本質とはなんだろう?」という話をします。

この質問に対する答えはきっと、「お金」ととっさに思いつく人が多いのではないかと思います。資本主義の世界ではたしかに「お金」でしょう。

でも、そこからさらに抽象度をあげれば、価値の本質とは「必要とされるもの(こと)」じゃないでしょうか。というのも、お金自体は、たとえば通貨の暴落とかで無価値なただの紙切れになりえる。お金に価値があるわけではなく、「もの」に価値があり、それを数値化するためのツールがお金と呼ばれているに過ぎない。だからお金そのものに価値があるわけではないと考えておいた方がいいかもしれません。

そして必要とするのは他人です。だから価値の本質について考えると、「他人から評価されるかどうか」が大事だと、あらためて気づけます。社会においては価値を決めるのは常に他人。そして往々にしてありふれたものには価値があると思ってもらえない。ということはタレントとして価値があるとはどういうことなのか、自ずとわかってくると思います。価値あるタレントを目指しましょう。

こうした思考訓練を通じて、「自分の本質を見極める」ことの大切さをわかってもらう。それが研修の目標です。自分の良さ、価値、幸せを、正しく自分で導けるようになる必要がある。それがひいてはいい芝居にも繋がり、そして、声優として仕事を続けていくために必要なことにも繋がっていく。

でも、いきなりそれができるようになるわけではない。「当たり前のこと」のように感じるものばかりなのに、「当たり前」にできない。それを「当たり前にできる」ようにするために、どう動くのか。日ごろの思考訓練がとても大事だと理解して、自分のすべきことの第一歩を認識してもらう。これが「悟る」ための研修です。

第5章

新たな声優像を求めて

これまでの章で、スタイルキューブという声優事務所が、それまでの声優業界と芸能界の流れのなかから、どのようにして生まれてきたのか。そのメソッドの最初の提案として小倉唯や石原夏織といった才能をどう見出し、育てたのか。その経験を踏まえながら、声優と声優業界がどう変化してきたのか、これからどう変わるべきなのかを、スタイルキューブの取り組みについても触れながら説明してきました。

この章では、そうした歴史と理念で動いてきたスタイルキューブがさらに次に考えるタレント育成・マネジメントの近年の事例の話をしてみたいと思います。たとえば豊田萌絵と伊藤美来。

豊田萌絵は一九九五年生まれ。伊藤美来は一九九六年生まれ。ふたりとも二〇一二年の第一回スタイルキューブ声優オーディションで合格し、研修期間を経てスタイルキューブ所属となりました。

オーディションの目的

スタイルキューブは実はオーディションを恒常的に行う事務所ではありません。では、なぜそんな事務所が、新規所属声優のオーディションを、二〇一二年というタイミングで開催しようと考えたのか。

第2章で書いたように、小倉唯や石原夏織は、芸能界を見てきた立場である僕からの、声優業界へのある種の提案でした。ただ優れた新人声優を世に送り出すというだけではなく、「これからの声優業界はこのように人材を扱うべきではないですか?」という発想を、形として見せる意味があったのです。

そうした試みが実際にうまく回り始め、既存の声優業界にどのようなインパクトを与えられたのかが見えてきたタイミングが、二〇一二年でした。

その成果を踏まえたうえで、次の時代を担う新しい子たちを世に送り出すとしたらどうすべきか。声優は育てて花開くのに三~五年はかかるつもりでやるべしと考えていたので、三年後の二〇一五年にニーズのある声優として育てようと考えている側面がありました。小倉唯、石原夏織も二〇〇八年に採用し、花開いたのは二〇一一年なので三年かかっています。

このような考えがあって「第一回スタイルキューブ声優オーディション」は開催されました。

もちろん、表向きのコンセプトは、純粋に新しい優れた才能の発掘です。でもそうした、どのオーディションにも共通するような目標とは別に「なぜ、あのタイミングで開催するのか」という裏テーマのようなものがあったわけです。

世界は常に動いています。自分たちが小倉唯、石原夏織といった人材を声優業界に投じたことによって新しい価値観が生まれ、マーケットが開拓され、業界がどのように変化するかを予測し、今後どういう子たちが先々の展開において必要になるのか。五年後、十年後に必要な声優の形は、どうなっていくのかをシミュレーションして、その時代に合う子を集めてみようと考えたのでした。

おかげさまで、オーディションにはかなりの数の応募がありました。
そのなかに、豊田萌絵、伊藤美来、奥山敬人《おくやまけいと》、筆村栄心《ふでむらえいしん》らがいました。

採用のポイント

さて、ここでスタイルキューブがオーディションで見る採用ポイントをご紹介しておきたいと思います。これはオーディションに限らず、スタッフを採用するときにも僕が重視しているポイントです。事務所によって各社採用のポイントは違うと思いますが、うちはこんな感じですということで見ていただけたら幸いです。

原則として人を採用するとき、僕は「ゆでたまご」になぞらえます。卵には卵白があり、卵黄があり、殻やカラザがある。僕が重視するのは、卵黄です。でも通常のオーディションだと、人材を見るとき、ほとんどの人は卵白しか見ない。というか、見えない。外側にあるものしか普通は見ることができません。

でも僕はなるべく、卵黄の部分を見ようとします。その人の外見や、自分を守るためにある卵白や殻ではなく、その人が本当はどんな人なのか。その在り方、人の本質を見ようと心がける。それが卵黄に当たります。

オーディションでは「卵黄」を見る

たとえば履歴書の写真。これはオーディションあるあるなんですが、送られてくる履歴書（エントリーシート）って、ほとんどの場合「ちゃんとしたスタジオで、きちんと撮影した写真」なんですよ。オーディション用の写真を撮影してくれる業者に、撮ってもらったヤツです。我々は応募者の本質＝「卵黄」を知りたいと思っているのに、アー写（アーティスト写真）のように着飾って「卵白」と「殻」で覆い、「作られた」完璧な外装をして、資料も練り込んで書いて、「いい子ちゃんな書類」で応募してくるんです。

オーディション応募者必見!!

人間の本質を卵にたとえてみる。

本当の「自分」はココ!!（表から見えない）

卵黄

オーディションで見るところ！
審査のとき、卵黄を見極められるかどうかがとても重要！　ただし、これを見極めるのはなかなか難しい。

胚

生物としての自分。

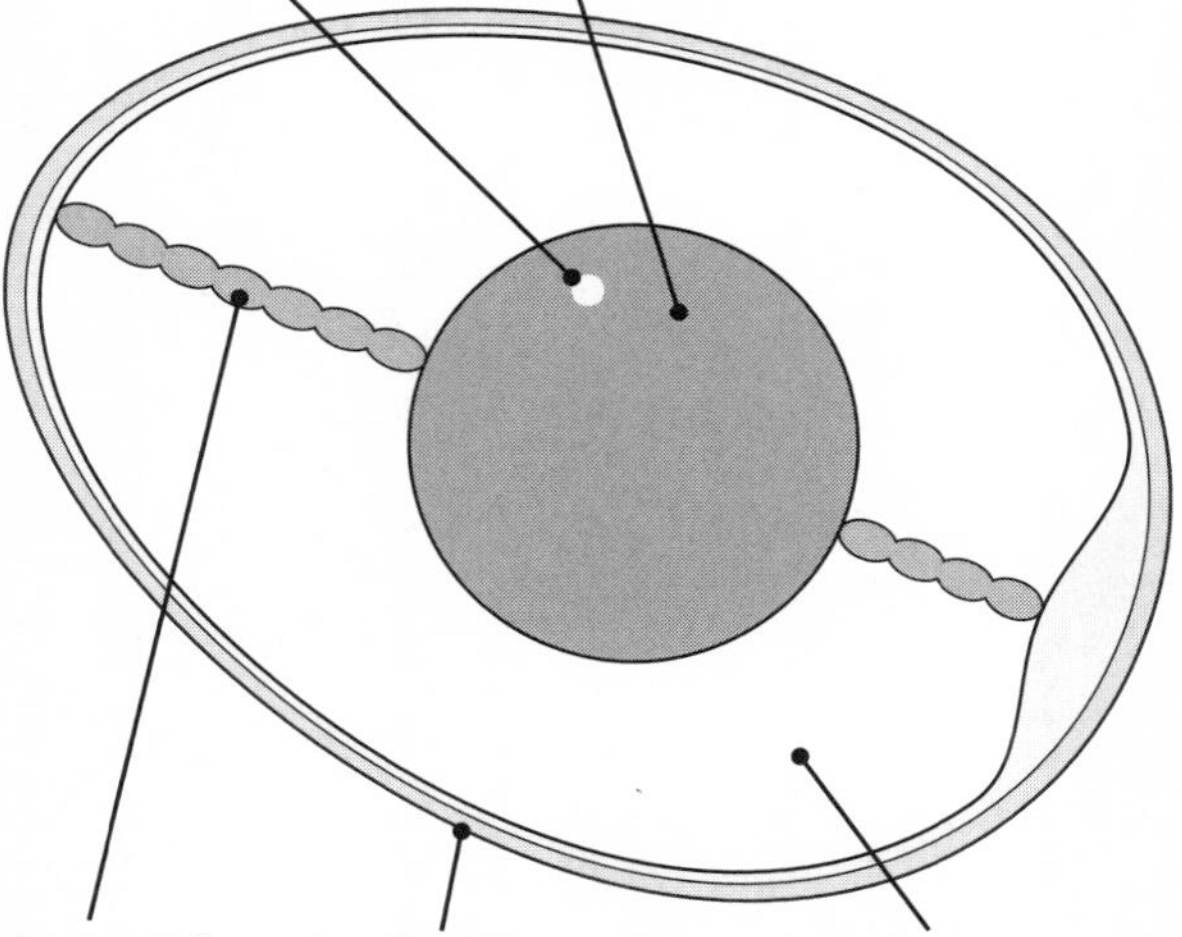

カラザ

【自己】＝卵黄を安定させるもの。
「理性」とも言う。
※環境に影響される。

卵殻

環境によって作られた自分を「本当の自分」だと思って守ろうとする。
→殻はなかなか壊せない（自分を否定することになると思ってしまうから）。

卵白

生きてきた環境の影響によって“作られた”部分。
「価値観」はここで形成される。

それが有利に働く場合もあるかもしれません。でも、スタイルキューブのオーディションでは、「作られた外装」は参考程度でしかなく、ほとんど見ないです。

たとえるなら我々はレストランで言えばオーナーであり、料理人（シェフ）でもあります。プロですから素材を見てどう料理すれば価値あるメニューとしてお客さんにお出しできるかという目を持っています。料理人は市場にどんな食材があるのか物色しに行くとき、完成品（料理）を買って帰るようなことはしないですよね。自分が応募者だと思ってみてください。僕らは飾らない素材としてのあなたを見たい。もちろん完成品として料理されたあなたを見せてくれてもいいんですが、それは本当に見たいものではない。それだと見る基準が変わってしまうんです。料理のプロである僕らにがんばって作ってきた料理を見せなくていいんです。見たいの料理じゃなくて「素材」なんです。

こうして料理人と食材で考えるとわかりやすいと思います。僕らはプロの仕事に寄せた応募書類には興味がないんです。

伊藤美来が送ってきたオーディション写真は、そうした「作られたもの」とはまったく違いました。自宅で家族がパッと撮ったような、とても自然体な写真。満面の笑みを浮かべ、人柄の良さがその一枚からにじみ出ていたのをよく覚えています。家族との良好な関係値さえも読み解けるような、そんな写真でした。

「この子は絶対会おう」と決めました。石原夏織のケースと同じでしたね。

親御さんの存在

そして一次審査を通して実際に会うとき、スタイルキューブでは未成年の場合は必ず親御さんも本人と一緒に来てもらいます。未成年の場合はとくに親御さんとは一緒にタレントを支える長い付き合いになりますから、コミュニケーションは欠かせません。

オーディションでは、もちろん演技であるとか、声質であるとか、タレントとしての資質の部分もしっかりと見ます。それは当然大事です。でも同じように大事なのは、「続けられるかどうか」を見ることです。

「この子は長くがんばれそうかな？」というのを、オーディションで探ります。それは本人や親御さんと話してみたり、面接時の何気ない行動を見ていると、伝わってくるものです。

伊藤美来は本人も家族も満点で、僕含め審査に参加したスタイルキューブのマネージャー一同、満場一致で採用に至りました。うちはわりとこういう家族ぐるみのお付き合いのタレントが多いです。

タレント育成としての番組展開

オーディション合格後は、研修生としてのレッスンが始まります。そして第2章でも書いた通り、基礎は大事ですが、それ以外の訓練を重要視します。二〇一二年当時、スタイルキューブはこれからの未来を予見して映像配信に力を入れていました。それも収録ではなく生配信が基本です。インターネットによる生配信については二〇〇七年くらいから本格的に取り組んでいましたが、業界的にはかなり早かったと思います。スタイルキューブはもともと番組制作もやっており、自分もテレビ業界にいた人間ですから、生放送でどれだけタレントが鍛えられるかについては専門分野です。それが自社でインターネットを使ってできるのだとしたら、やらない手はありません。通常の基礎レッスンとは別に配信番組によってトーク力や瞬発力を鍛えるとともに、それぞれの子の個性を引き出す作業を同時に行いました。

様々なカリキュラムが毎回設定されていて、「笑っていいとも!」的なバラエティてんこ盛りの内容で、今後必要になるであろうスキルを伸ばす要素を盛り込み、現場で鍛えていく。表向きはバラエティ番組に見えるけれど、実は全部研修用のカリキュラムになっているような番組でした。

タレントは現場に出ることがいちばんスキルアップに繋がります。他人に見られるなかでやることが大事なんです。

急激に売れるのは危険！

無事研修生から所属になった伊藤美来はめきめきと頭角を現し、人気も出てきました。ただ、ここで気をつけたかったことは「急激に売れるのはやめよう」ということです。売れることにブレーキをかけるというのは「??」ってなるかもしれませんが、これはおそらくいまの時代、声優を育てるうえで重要なポイントになります。

これまでこの本でお話ししている通り、声優業界がこれからどんどん大変な状況になることは予測していました。急激に売れて、仕事を詰め込まれると壊れてしまう。いきなり大作の主役に抜擢されたりして、大きな注目を浴びるという意味での「売れる」はいいんです。そうした仕事のバリューは求めたい。問題は、そうした注目度ではなく「量」です。

また、声優業界に特有の問題かもしれませんが、どうも未成年の声優に対して「仕事がたくさんあると『かわいそう』」と考える風潮があるのです。「高校生をそんなに働かせているなんて、かわいそう」みたいな声が、周囲から出てくる。

それが本人の耳に届くと、「仕事をたくさんしてはいけないんだ」みたいな感覚が、いつのまにか芽生《めば》えてしまう。忙しさを仕事のせいにしてしまう。忙しいから病むというよりも「忙しいことが悪いことなのでは？」と思い悩むことで病んだり、たくさん仕事をさせる事務所は悪みたいなことになることも。「かわいそう」と言う人はきっと本人のことを思って言ってるのでしょう。でも、ともすれば新人潰しにもなりかねない、意外と怖い問題です。

伊藤美来は本人の慎《つつ》ましい性格もあって「ものすごく売れたい」というよりも自分のペースで仕事をしたいというのがあったので、いい方向に作用していたと思いますが、それでもおかげさまで人気は上がり、それに伴って仕事量は増えていくので、各所と調整し、本人ともコミュニケーションを取りながらスケジュール管理しています。

コミュニケーションを密に

タレントの悩みを解決するには、とにかくコミュニケーションを取ることしかないと思います。

タレントの現場にマネージャーがなるべく同伴し、移動時間や収録の合間などを使って、事務所がそのタレントに対してどう考えているのか、タレントがいまどう考えているかをくみ取り、コミュニケーションする機会を持つことが必要です。そして外部の人からのアドバイスで感じたこと、考えたことも、隠さず話してもらえる関係値を築けることが大切です。

間違いのないようにしたいのですが、外部の人も悪意を持ってアドバイスをする人はいませんし、一つひとつのアドバイスが間違っているわけでもありません。ですので、そういった方々のアドバイスも、どういうことを前提にして考えてくださっているのかを検証することが大切。そうした様々な意図をはっきりさせたうえで、それが本人にとって必要なことなのかどうかを考える。そのように促します。

お金の話もそうです。ギャラの構造についても、丁寧に説明すべきだと思います。その説明を曖昧《あいまい》にすると、無駄な不信感を生み出してしまうからです。

声優は大学進学すべきか？

ここで「声優の大学進学をどう考えるか」という話もしておきましょう。

声優のキャリアを考えるうえで、常に重要なトピックスになっていることですが、僕のなかでは一貫して変わらない明確な答えがあります。それは「行ける人は行った方がいい」ということです。しかし「別に行かなくてもよい」です。「どっちやねん！」ってなりますね。それを解説します。

スタイルキューブで言うと、伊藤美来は大学に進学し、豊田萌絵はしなかった。結果的にはどちらも正解だったと思います。このふたりは本当にわかりやすい例です。

結論をいえば、「天才タイプ」は（本人が希望しなければ）行かなくてもいいです。「秀才タイプ」は行った方がいい。この「天才」「秀才」はあくまでタイプとして分類するためのワードであり、優劣ではないので、誤解なきように。そして、様々な要因にもよるところがありますから、絶対正しいということでもありません。その子がどちらのタイプなのかを見極めたうえで、ほかの要素もあわせて判断し、本人にきちんと言ってあげるようにしています。

伊藤美来は新人の頃、とにかくコツコツ、一生懸命、台本から読み取ったことを文字にしていました。「このキャラクターはどういう気持ちなのか」「このセリフの裏側では何を考えているのか」そうした情報を、A4のレポート用紙にみっちりと書いて、とにかく分析する。芝居のプランの作り方が、アカデミックだったんです。

こういう子は大学に行ってもきっときちんと学を修めてくれるだろう。だから大学は本人が望むなら行った方がいい、となります。

そもそも大学というのは高度で専門的な学問を習得するところです。大学で学ぶということ、学を修めて卒業するということは人生において貴重な経験になります。なので、浮かれた大学生のようにサークル入って遊ぶためなら行かない方がいい（そこで得られる経験もあるでしょうけど）。大学というところは中学高校と違って「通えばいいわけではない」のです。四年間もかけて大学へ行く、さらに仕事をセーブしてまで通うのですから、意味のある大学生活を送ることを前提で行くべきということです。そうでないと四年間が無駄になると思った方がいい。これはタレントにとっては大きな機会損失です。

そして大事なポイントは、タレントが大学に行くと決めたら事務所はできる限りの協力体制を取ること。単位の取り方、学校行事など声優業のスケジュールとの調整がとても重要になってきます。ちなみに僕は塾講師のバイトをやっていたこともあり、芸能界時代に多くのアイドルの受験勉強や大学の卒論などをお手伝いしました。そういった経験はとても役立ちました。タレントが大学へ行くと腹をくったら、事務所も同じように腹をくくる。これが大事なんです。

一方で豊田萌絵は伊藤美来のアカデミックに対して「感覚派」。こういう子は必ずしも大学に行かなくてもよく（しつこいようだが本人が望めば別）、どちらかというと、生きて行くために必要なことを実践的かつ、おばあちゃんの知恵袋的に教えていくとよいタイプです。豊田萌絵の才能の例として、最初にアニメで名前のある役をいただいたのは京都アニメーション制作のテレビアニメ『境界の彼方』ですが、彼女は台本をまるっと覚えてしまっていた。ほかの人のセリフから、そのシーンで何が起きているかまで、台本が全部頭に入っていたんです。これには驚きました。初めて舞台をやったときもそうでした。ほかの出演者のセリフや動きも含め、台本がすっかり頭に入っているんです。

セリフを丸暗記している感じと言うよりは、なんだろう、もっと感覚的に、その作品の世界に入り込んでしまっている感じです。余談ですが、豊田萌絵は歌謡曲が大好きで、昭和の曲から最新のものまで、男女問わず、しかも当時の時代背景などもあわせて頭のなかに入っていて、我々昭和を生きたオジサンたちが当時の歌謡曲の話をしてるときにその輪に自然に入り込み、「あのときこういうことあったじゃないですか」とあたかもその時代に生きていたかのような話し方をするんです。「いやいや、あなたまだ生まれてないでしょう」っていつもツッコミが入るほどです。それと共通した感じでしょうか。もしかしたら豊田萌絵という子は作品世界に入り込んでそこの住人になってしまうタイプなのかもしれません。時代背景だったり、話の流れがわかっていればそこに存在するセリフは記憶するものというより、自然と生まれるものでしょうから。ちなみにこのタイプは大学行かなくてもいいと言いましたが、自分から望んで行くならさらに恐ろしい子になる可能性も秘めています。

大学というのは何歳になっても行けるわけですしね。

大別すると、伊藤美来が「秀才」タイプ、豊田萌絵が「天才」タイプです。

余談ですが、このまったく違うタイプだからこそ、このふたりによるユニット「Pyxis」は意味がある組み合わせなんです。ちなみに「ゆいかおり」の小倉唯は「秀才」タイプで石原夏織は「天才」タイプです。

大学に行く人／行かない人へ

大学進学する子、しない子それぞれにかける言葉があります。

大学進学する子には、このような言葉をかけます。

「四年間、行かない人たちよりも仕事をする機会を失うけれども、大学に行ってない人には得られないものがある。そのなかでもとくに《卒業できた》という気持ち、達成した経験は大きい。のちに自信に繋がります。それから、大学は教わりに行くところではない。能動的に学びに（研究しに）行くところ。積極的に動いて、専門性を自ら身につけるために行く場所なんです。ちゃんと卒業するためには、そうした姿勢を身につけなければいけない。それは大変なことだけど、最後まで全《まっと》うする覚悟でいないといけないよ」

大学進学しない子には、このように。

「大学に行く人と行かない人では、行かない人の方が圧倒的に時間がある。だから当然、一般的には先に仕事にありつける可能性が高い。大学に行かない四年間のアドバンテージはかなり大きいので、それを活かしてどれだけできるかが、声優として生き残れるかどうかの勝負どころ。そして大学へ行った子たちが四年後には全力になる。大学を卒業した子たちはそれなりの経験と学びをしてくるから、決して侮《あなど》ること無かれ」

こうした心構えを伝えたうえで、サポートをします。

今後の声優を見守るために

タレントというのはいつか必ず事務所を辞めることになります。この「辞める」は様々なパターンがあります。天寿を全うした別れのパターン、これはタレントにとっていちばん幸せかもしれません。結婚して引退、移籍など色々なことが予想されますが、理由はどうあれ、必ず別れはあるのです。

そのなかでも悲しいのは事故や病気などによる死別、スキャンダルによる引退など不測の事態によるもの。かくいう自分も長い人生で、担当したタレントとの死別を経験したことがあります。バイク事故でした。人気タレントだったので結構話題になりました。ほかにもマネージャーと駆け落ちして失踪《しっそう》した子、闇落ちして消えた子、薬物依存、自殺、突然失踪し拉致《らち》監禁《かんきん》されたらしいという子、大手事務所に潰されて消えた子等々、たくさん見てきました。四十年近くこの仕事してるといろんなことがあります。だからこそ、自分がプロダクションをやるときは全力でタレントを守らないと、という強い思いがあります。

移籍はネガティブなこと？

最後に移籍の話をしましょう。タレントに移籍はつきものです。そしてアイドル性がある人ほど移籍は話題になります。

これから話すことは僕が一九八〇年代に芸能界に足をつっこんで仕事を始めたとき、先輩方から教えていただいたことがベースなんですが、芸能界にはいろいろな考え方があるので、「違う」という意見もあるかもしれません。そこはあらかじめご了承ください。

芸能界って一般の人から見て「こうだろう」と思われても実は「違う」ということや、不思議なこと、芸能界では常識でも一般的には非常識なことがたくさんあります。

移籍も、ネガティブに捉えられることが多いです。移籍も別れのひとつですが、僕は必ずしも移籍をマイナスだとは思っていません。

フリー期間って何？

移籍の際に「フリー期間」を挟むことがあります。「なんだよ、フリー期間って！」って思いませんか？　ネットを見ていると、一般の方の認識ではフリー期間があると円満だという書き込みもあれば、円満じゃないというのもあったり。事務所によっては、そう簡単に次の事務所に行かれてたまるかとばかりに「戒《いまし》め」のために設けているところもあるようです。芸能界ではこのフリー期間がわりと慣例化されています。

さて、そもそもフリー期間というのはなぜ存在するのか。これについて僕が教わったことをわかりやすい事例で解説します。

日本では夫婦が離婚したとき、女性が次に再婚するまで「再婚禁止期間」というものが民法で定められているのをみなさんご存じですか？　扶養義務のある父親を特定し子どもを保護するため、子どもの父親が誰かという混乱を避けようと設けられていたものです。これと同様に、タレントの移籍が発生したとき、移籍後の仕事が移籍前に受けた仕事なのか、移籍後のものなのかという混乱が発生します。芸能界では、移籍前に受けた仕事は移籍前の事務所の仕事として完了させるという慣例があります。そうすると、だいたいフリー期間中（だいたい半年以内とか長くても一年以内とか）に完了するものなんです。ただこれは芸能界の話で、しかも僕が一九八〇年代にこの業界に入ったときにされた話です（なお、女性の再婚禁止については二〇二四年四月施行の法改正により撤廃されることが発表されています）。

声優業界ではどうかというと、テレビアニメなど三ヶ月単位の長いものが多いので、移籍のタイミングでそういった仕掛かり案件はそのまま次の移籍先に業務の引き継ぎを行うことが多いです。フリー期間をはさんで半年とか一年後とかに別の事務所に移籍となると、そこでまた引き継ぎが発生します。これだとクライアント（アニメ製作委員会や音響会社など）にまた手間を取らせてしまうと思うので、スタイルキューブでは移籍が発生するときは基本的にフリー期間を設けずに、シームレスに次の事務所に移籍することを勧めます。

また、事務所を辞めることが決まると、次の事務所は自分の力で探してねという事務所が多いのですが、スタイルキューブはなるべく一緒になって探します。その方がクライアントも移籍先も安心します。場合によってはクライアントから移籍タイミングをずらしてほしいなどの要望があることもありますから、タレントや事務所の勝手な都合と勝手なタイミングで移籍するのは得策ではありません。とにかくクライアントに迷惑をかけないことが大切と考えます。そういったことから、スタイルキューブでは前事務所と揉めて移籍したいと言ってくるようなタレントは原則としてご遠慮いただくことにしています。

移籍することで売れる例

芸能界での話ですが、三十年程前、とある女性タレントAさんが大手プロダクションに移籍しました。もといた事務所から引き抜かれた形です。そのとき、大手プロダクションはAさんをもらう代わりにもといた事務所のBさんのテレビ出演などに便宜《べんぎ》をはかってあげるという話になりました。結果、Aさんは売れっ子になり、無名だったBさんも売れっ子となりました。これはみんながWin-Winというポジティブな移籍の例です。

芸能界は「筋」を大切にするところがあるので、こういった「Aさんをくれたら、Bさんを売ってやるよ」的なことがあります。「Aさんは将来性あるけど君のとこでは無理だからうちで売るよ」という理屈でもあります。そういうこともあるんだなという事例でした。

タレントが向かうべき道とは

先ほど僕は必ずしも移籍をマイナスだとは思っていない、という書き方をしました。スタイルキューブは家族的な絆《きずな》を理想としています。これはつまり、子どもたちはいつか独り立ちするということでもあると思うのです。ずっと一緒に家を守る家庭があってもいいですが、巣立つ子どもがいてもいいという考えもあります。巣立つというのはたとえば独立できるほど成長したとも言えます。独立できるほど成長したからこそ家を支える側になるという考え方もあるでしょう。それはタレントそれぞれです。また、仮に事務所が破綻《はたん》したりしてもそれぞれのタレントがひとりで生きていけるようになっていてほしいという希望もあります。だからこそスタイルキューブは「生き方を学ぶ場所」というスタンスを常に持っていたいと考えます。

先ほども書いたようにタレントは必ずいつか事務所を辞めます。

しかし声優という仕事は長く続けられるのであれば、続けてほしいと思います。

結婚してもできる仕事ですから。そして「業界の宝」と思っていただけるような存在になってほしい。

「続けなければいけない」みたいな義務的な状態になることはよくない。ファンのみなさんが望んでくれて、声優本人もやり続けることに喜びを感じることができているのなら、声優としての仕事もですし、歌って踊る仕事も続けたらいい。あくまで自然に続けられる状態があり、それを所属事務所は応援する。この形をうまく作り上げていくことが、最終的な声優と声優事務所の関係の理想ではないかと、いまの僕は考えます。

おわりに

僕の経験を通じて考えてきた、ここまでの内容を一通り話し終えたあと、編集さんからこんな質問をされました。

「アイドル声優の将来ってどうなるんでしょう?」

アイドル的な活動をする声優が目立つようになった時期を九〇年代の半ばと考えても、それから既に三十年近い時間が流れています。時代、時代に活躍した方々が、キャリアの締めくくりを考えるような時期に差し掛かりつつある。そういう意識からの質問だったように思います。

おそらくですが、声優業界と芸能界との垣根はなくなっていくと思うので、いつしか声優は芸能界の俳優と変わらない存在になるのではと思います。そもそも僕は実は「声優」という言葉に抵抗を感じている人間なので、声優である前に俳優、役者であってほしいと思います。なのでこれは望ましいことです。売れてる人とそうでない人の格差はなくならないと思いますが、これは逆になくなると声優そのものの価値が失われることと同義ですから、売れてる人はスターとして存在していてほしいです。そうでなければ声優を目指したいという人が後に続かないから衰退しかありません。もちろん近年のＡＩなどの発展により、そういった未来が無いとは言いません（ＡＩによって声優業界がどうなるかというお話は長くなるので別の機会に……）。

また、どれだけときが流れようと、ファンと声優のあいだの関係は成立していると思うので、そういう面ではとくに大きな問題はないと感じています。あとは作品との巡り合わせですが、これが声優のいいところで、男性声優は顕著《けんちょ》にそうですが、年齢を感じさせないところがある。よほどのことが無い限りいつまでも「王子様」として目の前に存在している。

そうしたお客さんとの関係値ができていれば、いいなと思うのです。

年齢の話でいうと、「アイドルは若くないと！」なんていうのはもう過去の話で、こうした状況への対応は、芸能界の方が柔和です。アニメやゲームのアイドルもののコンテンツでは、オーディションの条件に、未だに「10代から25歳」くらいの年齢制限があることが多いです。僕はこれには違和感があります。現実の芸能界のアイドルは20代後半～30代になっても大活躍しているわけですし、むしろその世代が熱い気がします。

そもそも芸能界に先んじて何歳になっても声優は年齢に関係なくアイドルができると思われていたはずなので、またそうした未来が来てほしいと思います。いまは20代半ばから30歳ぐらいのタレントを大事にすることが、おそらく、これからのアイドルもののコンテンツを考えるうえでも重要だと個人的には感じます。

「いま」です。こういう状態は年々変わるので、三年後、五年後は変わっていると思います。そういう流れに運営側は対応していかないといけない。エンターテインメントの世界には色々な流れがあります。その流れを読んで次の手を考えていく。常にそういうやりかたをしていかないと、どこかにしわ寄せがきます。タレントやスタッフが倒れてから気づくのではなく、早めに気づいて対応できる業界にできたらと考えます。エンターテインメント業界で何年も先行している芸能界がいい見本です。

スタイルキューブとしてはアイドル声優の在り方にしても、モーションキャプチャにしても、生配信やミュージックビデオ、ティザー等による映像戦略にしても、声優業界の未来を見据えて貢献してきたつもりです。

そうした提案も含めて、スタイルキューブという事務所は、これから「業界が安定するための一助になれる存在」になっていきたいと思っています。業界が発展していくために、会社やタレントの存在を通じて、何かを伝えたい。本書を出すことも、そうした狙いの一環です。

ただ、それは「これが正解です」と、一貫した方向性を打ち出すものではありません。むしろ、柔軟にいろいろ変わることを目指したい。僕の座右の銘《めい》である「アイドルは盆栽である」という言葉のように、枝葉の伸びる方向や曲がり方には固有で無限の可能性があります。アイドル性がある声優の在り方も、今後必ず変化していきます。であるならば、その変わった先のタレントを、よりよく形作るべく模索していきたいと考えます。

未来を見据えて、時代が望む人材を見つけ出し、育成の方法を考え、その成果を業界に向けて伝える。そういうサイクルを、できる限り、ずっとやっていくんだと思います。

人間とは難しい生き物です。だからなかなか意識を変えるのは大変です。でもね、難しいし、大変だからこそ、意義があるんです。そして簡単で誰でもできる仕事なら僕らはお役御免《ごめん》です。

さて、どうでしょう、声優業界って複雑なんだなって思っていただけましたでしょうか。でも夢がいっぱい詰まっているんです。その夢を実現するために《タレント＝声優》だってスタッフだってみんなそれぞれ未来に向かって奮闘して生きています。この本を手に取っていただいたことを機会に、みなさんと少しでもこの意識を共有できたなら幸いです。

星海社新書
279

アイドル声優の何が悪いのか？ アイドル声優マネジメント

二〇二三年一一月二〇日　第一刷発行

著　者　　たかみゆきひさ
©Yukihisa Takami 2023

構　成　　前田久
　まえだ　ひさし

編集担当　丸茂智晴
　　まるも　ともはる

発　行　者　　太田克史
　　　おおた　かつし

アートディレクター　　吉岡秀典（セプテンバーカウボーイ）
　　　　　　　　　　よしおか　ひでのり

デザイナー　　鯉沼恵一（ピュープ）
　　　　　　こいぬま　けいいち

フォントディレクター　　紺野慎一
　　　　　　　　　　こんの　しんいち

校　　関　　鷗来堂
　　　　　おうらいどう

発　行　所　　株式会社星海社
〒一一二-〇〇一三
東京都文京区音羽一-一七-一四　音羽YKビル四階
電話　〇三-六九〇二-一七三〇
FAX　〇三-六九〇二-一七三一
https://www.seikaisha.co.jp

発　売　元　　株式会社講談社
〒一一二-八〇〇一
東京都文京区音羽二-一二-二一
（販売）〇三-五三九五-五八一七
（業務）〇三-五三九五-三六一五

印　刷　所　　TOPPAN株式会社

製　本　所　　株式会社国宝社

●落丁本・乱丁本は購入書店名を明記
のうえ、講談社業務あてにお送り下さ
い。送料負担にてお取り替え致します。
なお、この本についてのお問い合わせは、
星海社あてにお願い致します。●本書
のコピー、スキャン、デジタル化等の
無断複製は著作権法上での例外を除き
禁じられています。●本書を代行業者
等の第三者に依頼してスキャンやデジ
タル化することはたとえ個人や家庭内
の利用でも著作権法違反です。●定価
はカバーに表示してあります。

ISBN978-4-06-532900-9
Printed in Japan

279

☆
SEIKAISHA
SHINSHO